Hört der Engel helle Lieder

Hört der **Engel** helle Lieder

Besinnlich durch die Weihnachtszeit

HERDER

FREIBURG · BASEL · WIEN

Weihnachtssonderband 2021

Herausgegeben von German Neundorfer

Mit Beiträgen von:

Walter Benjamin

Wolfgang Borchert

Phil Bosmans

Anselm Grün

Francis Jammes

Franz Kamphaus

Anthony de Mello

Franz Meurer

Philipp Meyer

Susanne Niemeyer

Christine Schniedermann

Andrea Schwarz

Christa Spannbauer

Notker Wolf

Teresa Zukic

Vorwort

Haben Sie es nicht auch schon bemerkt? An Weihnachten herrscht eine extrem hohe Engelsdichte. Hinter allen Ecken sind sie zu entdecken, die Welt scheint überfüllt mit geflügelten Wesen, sie nisten in den vielen Weihnachtsbäumen, die die Fußgängerzonen säumen, aus jedem Schaufenster lächelt uns ein Engelsgesicht entgegen, und die belebten Innenstädte sind voller angeblich himmlischer Musik und Gesang aus Engelskehlen.

Wer sind diese Engel? Nein, nicht diese, sondern die echten, die wirklichen? Und was wollen sie von uns? Es ist schon merkwürdig: Wir haben sie mit Flügeln und mit wallenden Gewändern versehen, wir haben ihnen lockiges Haar aufs Haupt gesetzt, aber wer sie eigentlich sind und was sie von uns wollen, diese Engel, das wissen wir genauso wenig wie, ob es sie überhaupt gibt. Oder könnten Sie es sagen? Es heißt, sie seien himmlische Wesen, Boten einer anderen Welt. Doch welche Botschaft wollen sie uns überbringen? Und warum braucht es diese Boten? Könnte die Botschaft nicht gleich direkt zugestellt werden? Warum himmlische Briefträger?

Womöglich machen genau diese vielen offenen Fragen den großen Reiz aus, den die Engel auf uns über Generationen hinweg ausgeübt haben. Das Unerklärliche, das von ihnen ausgeht, ihre Unsichtbarkeit, die Unmöglichkeit, ihrer habhaft werden. Und vielleicht ist ihre Botschaft nur eine, die schon immer in uns gewohnt hat und die nur darauf wartet, von uns wiedergefunden und gehört zu werden. Vielleicht ist der Gesang Engel der Wegweiser zu einem neuen Leben und zu einer großen Freude, die schon lange in uns schlummert und nur geweckt werden will. Vielleicht sollten wir den hellen Liedern der Engel lauschen. Dazu möchte ich Sie, liebe Leserin, lieber Leser, herzlich einladen.

Inhalt

„Hört, der Engel helle Lieder" – Himmlische Boten

„Vom Himmel hoch" – Ins Leben treten

„Lasset uns sehen in Bethlehems Stall" – An der Krippe

Anhang

„Es kommt ein Schiff, geladen"

Die Zeit des Wartens

Es kommt ein Schiff, geladen
bis an sein' höchsten Bord,
trägt Gottes Sohn voll Gnaden,
des Vaters ewigs Wort.

Das Schiff geht still im Triebe,
es trägt ein teure Last;
das Segel ist die Liebe,
der Heilig Geist der Mast.

Der Anker haft' auf Erden,
da ist das Schiff am Land.
Das Wort will Fleisch uns werden,
der Sohn ist uns gesandt.

Streck dein Herz im Warten aus

Wer nicht warten kann, dem geht etwas Wichtiges verloren: Wer jedes Bedürfnis sofort befriedigen muss, wird völlig abhängig von jedem Bedürfnis. Warten macht innerlich frei. Wenn wir warten können, bis unser Bedürfnis erfüllt wird, dann halten wir auch die Spannung aus, die das Warten in uns erzeugt. Das macht unser Herz weit. Und es schenkt uns überdies das Gefühl, dass unser Leben nicht banal ist. Wir sehen dies, wenn wir auf etwas Geheimnisvolles warten, dann erkennen wir: Wir sind mehr als das, was wir uns selbst geben können. Warten zeigt uns, dass das Eigentliche uns geschenkt werden muss. Ein lieber Mensch, der erwartet wird, auf den freut man sich. Lass dich in dieser Adventszeit einladen, im Warten dein Herz zu weiten und dich als Erwarteten aufzurichten. Du bist wertvoll. Viele warten auf dich. Gott wartet auf dich, damit du wahrhaft lebst.

Anselm Grün

Advent – Trainingslager für das Leben

Wer den Advent auf einen Zeitraum reduziert, der hat Weihnachten gründlich missverstanden – und der wird Weihnachten nicht feiern können. Advent will mehr sein als eine Zeit, mehr als die Wochen vor Heiligabend. Advent ist eine Einübung ins Leben.

Alle Zeichen und Symbole, die ursprünglich mit dem Advent verbunden sind, wollen genau darauf hindeuten – und die Lieder des Advents sind Lieder der Hoffnung und der Sehnsucht. Und wir dürfen diese Sehnsucht nach Leben nicht auf einige Wochen im Jahr begrenzen, die zudem noch oft genug geprägt sind von Umtrieb und Hektik. Adventlich leben – 365 Tage im Jahr.

Und doch brauchen wir gerade diese Zeit, diese Wochen des Advents. Immer wieder geht uns unsere Sehnsucht im Alltag verloren – und dann brauchen wir diese Zeichen, die Texte der Gottesdienste, das Licht der Kerzen, die Lieder des Advents, um uns zu erinnern – an das, was sein könnte. Wir brauchen den Advent, um adventlich leben zu lernen – um im Abenteuer Advent etwas für das Abenteuer Leben lernen zu können. Wir brauchen das konkrete Fest, wir brauchen die Wochen davor, um uns immer wieder neu in solche Lebenshaltungen und Einstellungen einzuüben.

Wir brauchen Lieder, die unserer Sehnsucht Ausdruck geben, wir brauchen das zunehmende Licht der Kerzen am Adventskranz, wir brauchen die vielen kleinen Weihnachtsgeheimnisse, wir brauchen das Rascheln von Geschenkpapier, wir brauchen die ruhige Stunde beim Schreiben der Weihnachtspost, um einen lieben Gedanken an einen Freund zu schicken, wir brauchen die Rorate-Gottesdienste bei Kerzenlicht, wir brauchen die tröstenden Worte des Propheten Jesaja, wir brauchen diese Wochen des Advents, um immer wieder neu die Sehnsucht zu lernen, die Verheißungen zu hören, den Blick auf den Stern zu richten. Das, was wir in diesen Tagen „üben", soll uns dabei helfen, die restlichen elf Monate in einem solchen Sinne zu gestalten. Und genau das ist die Chance des Advents, die wir nicht ungenutzt vorbeigehen lassen sollten.

Andrea Schwarz

Stress in der stillen Zeit

In der Rushhour des Lebens, also grob in den Jahren zwischen dreißig und fünfzig, in denen Eltern bis zum Untergehen beschäftigt sind mit Job, Ehe, Kindern, Wohnung, legen die zahlreichen Rushhours des Advents noch einen Zahn zu. Jedes Jahr vergeht zügiger, jeder Advent ist rascher vorbei. Kann es sein, dass wir auf der Suche nach der perfekten Vorweihnachtszeit uns in übertriebenen Erwartungen verhaspeln? Dass wir möglichst viel Gemütlichkeit durch möglichst viel Hektik erzeugen? Dass die Adventszeit auch wahrhaftig nur dann perfekt ist, wenn wir uns um jeden Aspekt erschöpfend gekümmert haben?

An einem Sonntag vor Weihnachten wollte ich dann endlich mal in Ruhe dem Gottesdienst folgen. Doch ausgerechnet in dieser Stunde der Besinnung und Vorfreude machte mir mein Sohn einen Strich durch die Rechnung, indem er weit unruhiger und quengeliger war, als er sich normalerweise in der

Kirche verhielt. Ich war verärgert. Kann man in der Adventszeit nicht einmal Ruhe in der Kirche haben? Das Thema Kinder und Gottesdienste habe ich ja schon beschrieben. Nein, konnte ich nicht.

Später dachte ich, dass die Unruhe meines Sohnes womöglich an meiner eigenen Unruhe gelegen haben musste, die ich seit dem 1. Dezember, seit dem Startschuss für die „echt besinnliche Zeit", an den Tag gelegt hatte, weil ich schnell jede Hürde bis Weihnachten nehmen wollte.

Übrigens: Die Plätzchen waren verputzt, bevor ich sie in kleine, schmucke Tüten abpacken und der Verwandtschaft schenken konnte. Und für einen dritten Backnachmittag (wir hatten nur zwei veranstaltet) fehlten mir Zeit und vor allem Nerven. Für die Weihnachtskarte mit dem Glitzer bedankte sich eine meiner Freundinnen so: „Nach dem Öffnen des Umschlags rieselte alles raus. Ich musste erst mal den Staubsauger holen und die Krümel aufsaugen." Okay ... sie hat sich vielleicht nur bedingt gefreut. Lichterketten gab es in dem Jahr keine, weil ich es nicht mehr geschafft hatte, sie zu besorgen, und an Heiligabend war ich völlig fertig. Dann wurde ein Kind krank; Kinder werden ja grundsätzlich nachts, im Urlaub, am Wochenende oder an Feiertagen krank. Und so ging ich allein mit unserer Tochter zum Krippenspiel ins Pfarrheim.

Als es dann nach Weihnachten endlich ruhiger wurde, machte ich mir Gedanken. Warum war meine Adventszeit derart aus dem Ruder gelaufen? Warum hatte ich das Gefühl gehabt, an Weihnachten total gestresst und überhaupt nicht entspannt gewesen zu sein? Warum war der Heiligabend zum Endpunkt eines irren Rennens und nicht zum Höhepunkt der Freude geworden?

Bei all dem Trubel und den Terminen war mir die eigentliche Bedeutung des Advents völlig abhandengekommen. Besinnliche Vorfreude hatte es bei mir kaum gegeben. Auch wenn jede einzelne Aktion, egal ob Backen oder Basteln, irgendwie schön gewesen war, so war ich vor lauter Stress doch nur halbherzig bei den Kindern gewesen, weil in meinem Kopf die Liste rauf und runter ratterte, was ich noch alles zu erledigen hatte. Die schönste Stunde dieses besagten Advents war gewesen, als ich den

Kindern Anselm Grüns „Weihnachtsgeschichte" und Geschichten aus Astrid Lindgrens „Weihnachten" vorgelesen hatte. Ich nahm mir für die kommenden Jahre vor, dass das nicht so bleiben konnte. Der Stress, die Hektik, die Überforderung – all das musste raus aus dem Advent.

Christine Schniedermann

Den Weg gehen

Der Advent ist für mich jedes Jahr wieder schön, auch herausfordernd, bisweilen überladen, aber immer wieder schön. Jedes Jahr nehme ich mir vor, den Advent auch wirklich fruchtbar zu machen für mein geistliches Leben. Dazu gehört also nicht nur der Besuch eines Weihnachtsmarktes mit Freunden, Bachs wunderbare Adventskantaten, ein schönes Adventsgesteck und so weiter. Dazu sollte vor allem die innere Vorbereitung auf das gehören, worauf uns die Adventszeit zugehen hilft, nämlich das Weihnachtfest, das Fest unserer Erlösung, der Tag, an dem Gottes Heilsgeschichte mit uns Menschen in die tiefste und intensivste Phase eingetreten ist, der Tag, an dem Gottes gutes Wort in menschlicher Gestalt ins Dasein tritt, um uns den Weg des Heiles verbindlich und auch nachvollziehbar zu erschließen.

In der Geburt Jesu macht Gott unwiderruflich ernst mit seinem Namen, den er dem Mose offenbart hat, der ja „Ich bin" bedeutet (vgl. Ex 3,14). Er sendet sein Innerstes, seine ganze Liebe, seinen Sohn als Menschen in die Mitte der Welt, er wird wirklich Immanuel – Gott mit uns (vgl. Mt 1,23). Diese Glaubenswahrheit stellt schon für den gläubigen Menschen eine Herausforderung dar, wenn nicht gar eine Überforderung. Wie soll es dann denen gehen, die Gott gar nicht kennen?

Die adventliche Zeit mit all ihrem Brauchtum kann helfen, besser auf Weihnachten zuzugehen. Allein die ganzen Lichter dieser Zeit, die unsere Städte und Straßen, unsere Wohnungen und Fenster schmücken, sollen auf das Licht verweisen, das die Dunkelheit der Völker hell macht (vgl. Jes 9,1), die Lieder singen uns von einer Hoffnung, die uns im Innersten anrührt und kaum jemanden kaltlässt, die Geschenke, die wir uns machen, erinnern uns an das unwiderrufliche Geschenk, welches Gott uns Menschen in Jesus Christus gemacht hat.

Trotz all dieser Dinge kann uns doch aber die Adventszeit auch unberührt lassen oder wenigstens vom Wesentlichen, nämlich von der Vorbereitung auf das Weihnachtsfest, abhalten, wenn wir nur an der Oberfläche bleiben und uns nicht auf das einlassen, was sie im Innersten für uns sein will, eine Zeit der Vorbereitung nämlich auf das, was erst noch kommt, das Weihnachtsfest. Es gilt also nicht das gern genutzte Sprichwort vom Weg, welcher das Ziel ist. Es gilt vielmehr, dass nur die, die diesen Weg gehen, auch das Ziel erlangen werden, das Weihnachtsfest nämlich wirklich, lebenswirklich feiern zu können.

Philipp Meyer

Geschichten erzählen

Früher versammelte sich die ganze Familie an den Winterabenden in der warmen Stube. Dann wurden Geschichten erzählt. Das scheint heute eine gefühlte Ewigkeit her zu sein. Ein Relikt aus einer fast schon vergessenen Zeit, bevor der Fernseher die Wohnzimmer mit seinem Flimmern eroberte.

Früher waren Geschichtenerzähler hoch angesehen. Das ganze Dorf strömte zusammen, wenn jemand eine gute Geschichte zu erzählen hatte. In den Wirtshäusern wurde es still, wenn einer zu erzählen begann. In einigen Ländern finden wir diese Tradition heute noch in ländlichen Gegenden.

Doch auch wir können jederzeit an diese ehrenwerte Tradition des Geschichtenerzählens anknüpfen. Die Adventszeit mit ihren langen, dunklen Abenden eignet sich hierfür vortrefflich. Vielleicht verordnen Sie gleich heute Ihrem Fernseher und Computer einen Ruhetag. Und veranstalten stattdessen einen Erzählabend. Nicht nur die Kinder, auch so manche Erwachsene werden nach anfänglichem Zögern von der Idee begeistert sein.

Um sich Geschichten zu erzählen, bedarf es nicht viel. Wir brauchen keine technischen Geräte und keinerlei Equipment, sondern nur Mund und Ohren und etwas Fantasie. Sie wissen nicht so recht, wie und wo Sie beginnen sollen? Vielleicht stellen Sie den Abend unter ein Motto wie: Mein aufregendster Tag in diesem Jahr. Oder: Der Mensch, der mich in diesem Jahr Wichtiges gelehrt hat. Und jeder in der Runde erzählt das, was ihm dazu einfällt. Indem wir uns Geschichten erzählen, lernen wir voneinander. Unsere geteilten Erfahrungen bereichern unser aller Leben.

Am Weihnachtsabend wurde bei uns zuhause immer die Weihnachtsgeschichte vorgetragen. „Es begab sich in jenen Tagen …" Diese Aufgabe hatte mein Großvater als der Älteste der Familie inne. Ich erinnere mich gut daran, wie er mit seiner bedächtigen Altersstimme von Maria und Josef und der Geburt Jesu erzählte. Wir Kinder hingen gebannt an seinen Lippen. Was für eine atemberaubende Geschichte: ein junges Paar alleine unterwegs in einem fremden Land, die Frau hochschwanger auf einem Esel sitzend, ein verrückter König, der Kinder ermorden lässt, ein Engel, der in der Nacht den Hirten auf dem Feld erscheint und ruft: „Fürchtet euch nicht!" Und dann die Geburt des Kindes, von dem verkündet war, dass es der Sohn Gottes sei. Weise Männer, die von weither einem Stern folgten und dem Kind in der Krippe Geschenke brachten. Wenn das mal keine aufregende Geschichte ist!

Mit Geschichten wie dieser bereiten wir Kinder auf das Leben vor. Auf die Freuden, die sie erwarten; auf die Liebe, die ihnen begegnen wird; auf die Prüfungen, denen sie sich stellen müssen; auf Zeiten der Dunkelheit, die sie durchstehen müssen. Eine gute Geschichte lehrt, dass es auch in der größten Verzweiflung lohnt, nach dem Licht Ausschau zu halten. Dass es wichtig ist, in schweren Zeiten nicht allein zu sein. Und dass es immer möglich ist, trotz aller Angst den Mut zu fassen und sich der Gefahr zu stellen.

Ja, Geschichten bereichern unser Leben. Weshalb also setzen Sie sich nicht gleich heute mit geliebten Menschen zusammen und erzählen sich Geschichten aus

Ihrem Leben? Geschichten vom Wunder der Liebe, von den kleinen und großen Momenten der Menschlichkeit, Geschichten von den magischen Begegnungen der Seele auf ihrer Lebensreise.

Christa Spannbauer

Aufgenommen werden

Advent ist die Zeit, sich bereit zu machen für das Kommen Gottes. Gott sucht den Menschen und der Mensch sucht Gott. Der heilige Gott sucht den in Schuld gefangenen Menschen und der Gefangene sucht den Heiligen, um geheiligt zu werden, um aufgenommen zu werden in das Licht und in die Liebe.

Phils Bosmans

„Hört, der Engel helle Lieder"
Himmlische Boten

Hört, der Engel helle Lieder
klingen weit das Feld entlang,
und die Berge hallen wider
von des Himmels Lobgesang:
Gloria in excelsis Deo.

Hirten, warum wird gesungen?
Sagt uns eures Jubels Grund!
Welch ein Sieg ward denn errungen,
den die Chöre machen kund?
Gloria in excelsis Deo.

Sie verkünden uns mit Schalle,
dass der Erlöser nun erschien,
dankbar singen sie heut alle
an diesem Fest und grüßen ihn.
Gloria in excelsis Deo.

Frage

Stell dir vor: Es erscheint dir ein Engel und sagt: „Du hast einen Wunsch frei." Was würdest du dir wünschen? Und wieso?

Anthony de Mello

Füreinander Engel sein

„Im sechsten Monat wurde der Engel Gabriel von Gott in eine Stadt in Galiläa namens Nazaret zu einer Jungfrau gesandt, die mit einem Mann namens Josef aus dem Haus Davids verlobt war. Der Name der Jungfrau war Maria. Er trat bei ihr ein und sagte: Sei gegrüßt, du Begnadete, der Herr ist mit dir. Sie erschrak über das Wort und sann nach, was dieser Gruß bedeuten solle. Der Engel sagte zu ihr: Fürchte dich nicht, Maria; denn du hast bei Gott Gnade gefunden. Du wirst ein Kind

empfangen, einen Sohn wirst du gebären; ihm sollst du den Namen Jesus geben. Er wird groß sein und Sohn des Höchsten genannt werden. Gott, der Herr, wird ihm den Thron seines Vaters David geben. Er wird herrschen über das Haus Jakob in Ewigkeit und seine Herrschaft wird kein Ende haben. Maria sagte zu dem Engel: Wie soll dies geschehen, da ich keinen Mann erkenne? Der Engel antwortete ihr: Heiliger Geist wird über dich kommen und Kraft des Höchsten wird dich überschatten. Deshalb wird auch das Kind heilig und Sohn Gottes genannt werden. Auch Elisabet, deine Verwandte, hat noch einen Sohn empfangen in ihrem Alter und dies ist schon der sechste Monat für sie, die als unfruchtbar galt. Denn für Gott ist nichts unmöglich. Da sagte Maria: Ich bin die Magd des Herrn; mir geschehe nach deinem Wort. Dann verließ sie der Engel." (Lukas 1,26–38)

Wer freut sich nicht über einen Anruf oder den Besuch einer Freundin oder eines Freundes, über aufmerksames Nachfragen in einer vielleicht auch schweren Zeit? Jeder Mensch braucht Menschen an der Seite, die sich Zeit nehmen und da sind. So will auch Gott da sein für uns und so sendet er, wie damals den Engel zu Maria, auch heute seine Engel in unserem Alltag. Ja, es klingt fast kitschig und abgedroschen. Doch achten wir darauf? Erkennen wir die Menschen im Alltag, die spontan hilfsbereit sind, wenn jemand einschreitet, wo Menschen angepöbelt und ausgegrenzt werden, wo einer nachfragt, wenn Tränen laufen, wo man nicht vorbeigeht, wenn Not offensichtlich ist?

Stellen wir die Frage einmal umgekehrt: Wo bin ich schon für andere zum Engel geworden, ohne heilig zu sein? Wie oft ist es mir geschenkt worden, genau zur richtigen Zeit am richtigen Ort gewesen zu sein? Vielleicht hat meine Hand ja schon einmal Schmerz gelindert oder mein Wort eine Situation zum Guten verändert, mein Lächeln Erleichterung geschenkt oder mein Dasein Tränen abebben lassen. Wir alle sind dazu berufen, uns senden zu lassen und bereit zu sein, für andere etwas zu tun. Ich glaube, dass unser Alltag, unser tägliches Miteinander genug Gelegenheiten bietet, für andere zu einem Engel werden zu können, ohne gleich eine Jungfrauengeburt verkünden zu müssen. Aber durch die Taufe sind wir alle berufen, füreinander Engel zu sein, Gesandte Gottes, die etwas von dem weitergeben, was wir vom Evangelium verstanden haben. Und auch wenn es scheinbar noch so wenig sein mag – im richtigen Moment ist es vielleicht gerade ausreichend, um etwas Wesentliches zu schenken.

Philipp Meyer

Boten zwischen Himmel und Erde

In der Weihnachtsgeschichte tauchen immer wieder Engel auf: Ein Engel bringt Maria die Botschaft, Josef erscheint im Traum ein Engel, und ein wahrer Chor von Engeln verkündet den Hirten auf dem Feld die Geburt Jesu. Das Wort „Engel" kommt von dem Lateinischen *angelus,* und das bedeutet „Bote". Der Engel ist der Bote, der von Gott zu den Menschen geschickt wird – und von den Menschen wieder zu Gott zurückkehrt. Er ist Mittler und Dolmetscher zwischen Gott und den Menschen – und doch ist da etwas Geheimnisvolles an ihm. Er kann sich zwar durchaus „elegant" mitten unter den Menschen bewegen, er spricht unsere Sprache. Und doch entzieht er sich all unserem Begreifen, da er dort „zu Hause" ist, wo Gott wohnt, in einer „unsichtbaren" Welt.

Die Bibel erzählt viele Geschichten von Engeln. Sie kommen und gehen, sie verkünden den Menschen eine neue Aufgabe so wie bei Maria, sie stellen Brot und Wasser hin so wie bei Elija, sie begleiten Menschen auf ihren Lebenswegen so wie in der Tobit-Geschichte. Immer aber sind sie kraftvoll und klar, ermutigen und ermuntern voll Autorität, geben Auskunft und raten.

Die Bibel erzählt uns nichts davon, wie Engel aussehen. Meistens steht da nur ganz lapidar: „Ein Engel kam ...“ oder „er wurde von Gott gesandt“. Der Erzengel Rafael, der den jungen Tobias auf seinem Weg begleitet, nimmt nur ausnahmsweise Menschengestalt und einen falschen Namen an; in der Regel wollen Engel unerkannt bleiben – das gehört zu ihrem Geheimnis.

Dass Engel Flügel haben, entspringt eher der Fantasie der Künstler – aber wie sonst sollte man denn im Rahmen unseres menschlichen Vermögens auch ausdrücken können, dass sich Engel geradezu pfeilschnell zwischen Himmel und Erde, Gott und Mensch hin und her bewegen können?

Die netten kleinen pausbäckigen Engelchen mit Locken und dem manchmal leicht verschmitzten Lächeln sind eher eine Erfindung aus dem Barock, als dass sie etwas von dem erzählen können, was Engel wirklich sind. Sie sind ganz nett – aber das war es dann auch schon. Wenn man Kindern ein solches Bild von Engeln präsentiert, dann

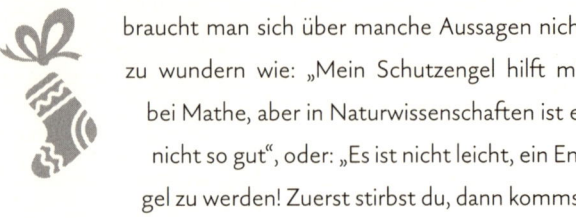

braucht man sich über manche Aussagen nicht zu wundern wie: „Mein Schutzengel hilft mir bei Mathe, aber in Naturwissenschaften ist er nicht so gut", oder: „Es ist nicht leicht, ein Engel zu werden! Zuerst stirbst du, dann kommst du in den Himmel. Und dann ist da noch das Flugtraining, das du absolvieren musst!" Ja, wir schmunzeln ein wenig drüber – aber machen nicht gerade solche Vorstellungen die Engel klein und irgendwie harmlos?

Wenn Engel teilhaben an der Welt Gottes, dann gilt wohl eher der Satz, den *Richard Rohr,* ein Franziskaner aus den Vereinigten Staaten, einmal gesagt hat: „Gott ist nicht nett, Gott ist kein Onkel – Gott ist ein Erdbeben." Und so mag auch *Rainer Maria Rilke* recht haben, wenn er schreibt: „Jeder Engel ist schrecklich." Es wird schon seinen Grund haben, dass Engel sehr oft bei ihrem Erscheinen den Menschen erst einmal die Zusage geben müssen: „Fürchte dich nicht!" Wenn Engel in unser Leben kommen, dann heißt es eigentlich, dass Gott selbst in unser Leben eingreift. Und das ist nicht immer nett und nicht immer zum Lächeln.

Aber wenn Gott in unser Leben eingreift, dann tut er es zu unserem Besten. Ja, die Botschaften Gottes, die die Engel manchmal übermitteln, sind nicht immer „leichte Kost". Ein Bekannter von mir betet immer wieder einmal: „Großer Gott, lieb doch bitte nicht schon wieder mich, sondern lieb zur Abwechslung mal jemand anderen! Es ist immer so anstrengend, von dir geliebt zu werden!"

Und genau das ist zugleich die andere Seite Gottes, die auch bei den Engeln immer wieder deutlich wird – Gott liebt uns Menschen! Oder wie es im ersten Johannesbrief heißt: „Gott ist die Liebe!" (1 Johannes 4,16).

Die Engel konfrontieren uns nicht nur, rufen uns heraus, sondern lassen uns auch an der Liebe Gottes teilhaben. *Joseph Ratzinger,* der spätere Papst Benedikt XVI., hat es einmal so gesagt: „Der Engel ... ist gleichsam der persönliche Gedanke, mit dem Gott mir zugewandt ist. Er ist das personhafte Gedenken Gottes an mich und so Ausdruck dafür, dass Gott auch ganz unmittelbar um mich bekümmert ist." Das ist die alte Idee des Schutzengels: Wenn Gott uns liebt, dann will er auch nicht, dass wir verloren gehen. Und so passen seine Engel auch ein bisschen auf uns auf! Kein neuer Gedanke des Christentums, sondern eine Überzeugung, die auch schon im Judentum ihren Ausdruck findet:

> *Er entbietet für dich seine Engel,*
> *dich zu behüten auf all deinen Wegen.*
> *Sie sollen auf den Händen dich tragen,*
> *dass nicht an einem Stein sich stoße dein Fuß.*
> *Du wirst gehen über Nattern und Schlangen,*
> *wirst niedertreten Löwen und Drachen.*
> Psalm 91,11–13

Deshalb kann auch *Martin Luther* sagen: „Für einen Menschen beten heißt, einen Engel bei ihm vorbeizuschicken." (Übrigens kennt auch der Islam Engel, so ist es nach islamischer Überlieferung der Erzengel Gabriel, der dem Propheten Mohammed den Koran übermittelt.)

Engel kann man in der Regel nicht sehen. Man kann sie „nur" erfahren. Und das ist mit den Engeln nicht anders als mit der Liebe – auch Liebe kann man mit unseren Augen nicht „sehen", sondern nur erfahren. Wenn wir die Engel, die Liebe, Gott sehen würden, dann würden wir sie „klein" machen. Sie würden dann in unser menschliches Denken hineinpassen. Damit aber wären sie kleiner als mein Denken. Und eigentlich wäre das doch schade für die Engel, die Liebe und Gott! Sie alle sind größer als ich, sie übersteigen meine natürlichen Begrenzungen – sie kommen aus einer Welt oder reichen in sie hinein, die sich meinem menschlichen Denken entzieht.

Und doch sind gerade die Engel die Mittler zwischen meiner Welt und dieser Welt. Sie bringen meine Gebete vor Gott – und sie lassen mir wiederum Gottes Botschaften zukommen. Sie sind sozusagen die „Brücke" zwischen hier und dort.

Zugegeben, das führt manche esoterisch orientierten Gruppen oder Menschen dazu, die Engel für sich zu vereinnahmen. Und in manchen Internet-Beiträgen und Büchern wird ganz locker davon berichtet, wie man mit den Engeln auf du und du ist. Da ist Skepsis angesagt, genau wie bei den netten Engelbildern, die heute auf Tagebüchern und Einkaufstaschen eine Renaissance erleben.

Aber immer dann und dort, wo Menschen etwas Gutes erleben, greifen sie auch heute noch zu dem archaischen Bild des Engels, auch wenn sie sonst mit dem Glauben nicht viel zu tun haben: Die Pannenhelfer des ADAC sind die „gelben Engel", Produkte, die umweltverträglich produziert sind, tragen den „Blauen Engel".

Und manchmal gibt es ja auch heute noch Engel in Menschengestalt. Menschen, die uns etwas von Gott und seiner großen Liebe erfahren lassen. Und das ist und bleibt auch unsere Aufgabe. Oder wie *Gottfried Bachl* es in seinem „Gebet zum Schutzengel der Skepsis" sagt: „Aber lass mich nicht zweifeln, wenn ein Kind mich bittet um die Milch und den ruhigen Schlaf und die rechte Hand." Jedes Kind braucht einen Engel, wie *Klaus Hoffmann* es in einem Lied sagt – gerade weil Kinder so wehr- und schutzlos sind, brauchen sie einen Engel, brauchen sie ihren Engel. Einen „Schutzengel" eben …

Andrea Schwarz

Ein Weihnachtsengel

Mit den Tannenbäumen begann es. Eines Morgens, als wir zur Schule gingen, hafteten an den Straßenecken die grünen Siegel, die die Stadt wie ein großes Weihnachtspaket an hundert Ecken und Kanten zu sichern schienen. Dann barst sie eines schönen Tages dennoch, und Spielzeug, Nüsse, Stroh und Baumschmuck quollen aus ihrem Innern: der Weihnachtsmarkt. Mit ihnen aber quoll noch etwas anderes hervor: die Armut. Wie nämlich Apfel und Nüsse mit ein wenig Schaumgold neben dem Marzipan sich auf dem Weihnachtsteller zeigen durften, so auch die armen Leute mit Lametta und bunten Kerzen in den besseren Vierteln. Die Reichen aber schickten ihre Kinder vor, um denen der Armen wollene Schäfchen abzukaufen oder Almosen auszuteilen, die sie selbst vor Scham nicht über ihre Hände brachten. Inzwischen stand bereits auf der Veranda der Baum, den meine Mutter insgeheim gekauft und über die Hintertreppe in die Wohnung hatte bringen lassen. Und wunderbarer als alles, was das Kerzenlicht ihm gab, war, wie das nahe Fest in seine Zweige

mit jedem Tage dichter sich verspann. In den Höfen be-
gannen die Leierkasten die letzte Frist mit Chorälen zu
dehnen. Endlich war sie dennoch verstrichen und einer
jener Tage wieder da, an deren frühesten ich mich hier
erinnere.

In meinem Zimmer wartete ich, bis es sechs werden wollte. Kein Fest des späteren Lebens kennt diese Stunde, die
wie ein Pfeil im Herzen des Tages zittert. Es war schon
dunkel; trotzdem entzündete ich nicht die Lampe, um
den Blick nicht von den Fenstern überm Hof zu wenden,
hinter denen nun die ersten Kerzen zu sehen waren. Es
war von allen Augenblicken, die das Dasein des Weih-
nachtsbaumes hat, der bänglichste, in dem er Nadeln und
Geäst dem Dunkel opfert, um nichts zu sein als

nur ein unnahbares und doch nahes Sternbild im
trüben Fenster einer Hinterwohnung. Doch wie
ein solches Sternbild hin und wieder eins der
verlassenen Fenster begnadete, indessen viele
weiter dunkel blieben und andere noch trauriger
im Gaslicht der früheren Abende verkümmerten, schien
mir, dass diese weihnachtlichen Fenster die Einsamkeit,

das Alter und das Darben - all das, wovon die armen Leute schwiegen - in sich fassten.

Dann fiel mir wieder die Bescherung ein, die meine Eltern eben rüsteten. Kaum aber hatte ich so schweren Herzens, wie nur die Nähe eines sichern Glücks es macht, mich von dem Fenster abgewandt, so spürte ich eine fremde Gegenwart im Raum. Es war nichts als ein Wind, so dass die Worte, die sich auf meinen Lippen bildeten, wie Falten waren, die ein träges Segel plötzlich vor einer frischen Brise wirft: „Alle Jahre wieder, kommt das Christuskind, auf die Erde nieder, wo wir Menschen sind" - mit diesen Worten hatte sich der Engel, der in ihnen begonnen hatte, sich zu bilden, auch verflüchtigt. Doch nicht mehr lange blieb ich im leeren Zimmer. Man rief mich in das gegenüberliegende, in dem der Baum nun in die Glorie eingegangen war, welche ihn mir entfremdete, bis er, des Untersatzes beraubt, im Schnee verschüttet oder im Regen glänzend, das Fest da endete, wo es ein Leierkasten begonnen hatte.

Walter Benjamin

Der unerklärliche Engel

Man muss es aushalten können, das Unerklärliche. Man muss mit dem Unverfügbaren leben können. Wenn es Ihnen schon den Tag vergällt, weil der Bäcker Ihr Lieblingsbrot nicht mehr hat, dann werden Sie es schwer haben. Vielleicht zu schwer. Ich meine ja nur. Ich will Ihnen nicht zu nahe treten. Vielleicht essen Sie gar kein Brot. Weizen soll ja auf einmal schädlich sein. Belegen können Sie das nicht, obwohl es da bestimmt Studien gibt. Sie haben so ein Gefühl, dass es Ihnen besser geht ohne Brot. Ansonsten glauben Sie nur, was sich beweisen lässt. Als ob Sie Mathematiker wären oder Physiker. Als ob Sie die Stringtheorie verstünden. Trotzdem vertrauen Sie darauf, dass es sie gibt. Weil ein anderer sie beweisen kann. Ich vertraue darauf, dass ein anderer glauben kann. Warum sollte das weniger Gewicht haben? Wenn einer sagt, er habe einen Engel gesehen und dieser Engel habe sein Leben verändert oder vielleicht auch nur einen Moment in seinem Leben, dann könnte das ein Hinweis sein. Dass mir das auch passieren könnte. Wie gesagt. So ein Engel ist unverfügbar. Man kann ihn nicht buchen. Sie können nicht fordern, dass er sich Ihnen jetzt, genau jetzt zeigen soll, damit Sie an ihn glauben. Sie haben nicht die Macht. Der Größte sind nicht Sie. Damit müssen Sie leben. Sie müssen vertrauen, dass er kommt. Aber Sie vertrauen ja auch der Deutschen Bahn. Selbst wenn die Tafel bereits 25 Minuten Verspätung anzeigt, harren Sie weiter aus.

Die Gläubigen sind die Mutigen. Ich rechne mit dem Unberechenbaren. Es begegnet einem so oft. Ich habe einen Engel gesehen. Als mein Vater starb, saß ich im Zug. Ich hatte gerade die Nachricht erhalten. Es war eine fürchterliche Nachricht, sie riss meinen Alltag entzwei. Da lag noch das aufgeschlagene Buch. Der Schaum auf dem Kaffee löste sich auf. Die Wirklichkeit hatte ihr Programm gewechselt, ohne mich zu fragen. Der Zug fuhr einfach weiter. Ich fiel in einen Sekundenschlaf. Da sah ich, wie der Engel meinen Vater hochhob. Sie schwebten hinauf, es sah leicht aus. Mein Vater lachte, er lachte wie ein Junge. Sein Haar war lockig.

Ich erwachte wieder. Der Zug ruckelte, ich musste nach Hause.

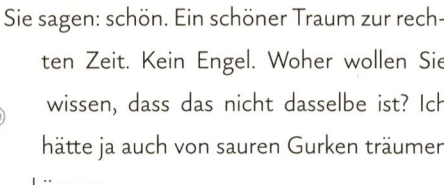

Sie sagen: schön. Ein schöner Traum zur rechten Zeit. Kein Engel. Woher wollen Sie wissen, dass das nicht dasselbe ist? Ich hätte ja auch von sauren Gurken träumen können.

Es passiert so viel, das nicht erklärbar ist. Und damit meine ich nicht grundsätzlich unerklärlich. Ich meine, dass etwas geschieht an einem ganz bestimmten Ort zu einer ganz bestimmten Zeit. Dass sich ein Bild oder ein Mensch oder eben ein Traum vor Ihre Augen schiebt und die Wirklichkeit verschiebt, ein paar Millimeter nur, aber Sie wissen, was Millimeter bedeuten. Beim Bau einer Brücke zum Beispiel oder wenn Sie Weitspringer sind.

Sehen Sie, ich bin ein nüchterner Mensch. Schwärmereien liegen mir nicht, im Gegenteil, sie sind mir sogar ein bisschen peinlich. Ich glaube, es ist nicht von Nachteil, nüchtern zu sein, wenn man einen Engel sehen möchte. Vielleicht ist es sogar von Vorteil. Ich brauche nicht den Nebel eines Räucherstäbchens. Alkohol macht mich müde. Ich glaube, es reicht, wach zu sein. Ganz wach.

Wie gesagt, es gehört Mut dazu. Sie müssen aushalten können, was Ihnen begegnet. Auch das Nichts. Es wird anders sein, als Sie denken.

Susanne Niemeyer

Der Engel des Lächelns

Der Engel des Lächelns verzichtet auf einen erhobenen Zeigefinger, er mahnt uns nicht, unsere finstere Miene aufzuhellen. Indem er uns einfach anlächelt, verwandelt sich unser Blick wie von selbst. Da können wir nicht mehr weiter so grimmig dreinschauen. Da löst sich auch in unserer Seele etwas, und das lässt auch unser Gesicht anders erscheinen. Ich wünsche Ihnen immer dann, wenn Sie mit sich selbst unzufrieden, ungeduldig, hart sind, einen Engel des Lächelns, der gar nichts von Ihnen will, sondern Sie einfach nur anlächelt. Das verwandelt diesen Augenblick. Sie kommen wieder mit sich selbst in Berührung, Sie finden wieder zu sich zurück, wenn Sie der Ärger aus sich herausgeführt hat. Und weil Sie mit sich in Berührung kommen, werden Sie auch fähig, nun selber zu lächeln und für andere zum Engel des Lächelns zu werden. Und wenn Sie für andere zum Engel des Lächelns werden, werden Sie selbst beschenkt. Sie spüren, dass es Ihnen selbst guttut. Das Lächeln entspannt Ihre Mundmuskeln. Es verwandelt Ihre Stimmung. Der Engel des Lächelns beschenkt Sie gerade dann, wenn Sie selbst gerade für einen anderen zum Engel geworden sind.

Anselm Grün

Von der Liebe umfangen

Seid umfangen von der Liebe,
zärtlich berührt von Gottes Kraft,
und Morgen sehen wir uns wieder,
von seinen Engeln gut bewacht.

Teresa Zukic

„Vom **Himmel** hoch"

Ins Leben treten

Vom Himmel hoch, da komm ich her,
ich bring' euch gute neue Mär,
der guten Mär bring' ich so viel,
davon ich sing'n und sagen will.

Euch ist ein Kindlein heut' gebor'n
von einer Jungfrau auserkor'n,
ein Kindelein, so zart und fein,
das soll eu'r Freud und Wonne sein.

Es ist der Herr Christ, unser Gott,
der will euch führ'n aus aller Not,
er will eu'r Heiland selber sein,
von allen Sünden machen rein.

Grenzen überschreiten

Weihnachten – das Fest der Grenzüberschreitung. Die Grenzen zwischen Tod und Leben, zwischen Himmel und Erde sind seitdem offen. Ein Stück Himmel kommt zur Erde – damit wir den Himmel in uns tragen. Advent – wir leben diesem Himmel entgegen. Vielleicht, indem wir Grenzen überschreiten? Indem wir einem anderen die Hand zur Versöhnung reichen ... indem wir vergeben ... indem wir einen Schritt auf den anderen hin machen ... indem wir uns selbst zurücknehmen ... indem wir über unseren eigenen Schatten springen ... indem wir über Grenzen gehen ... Weil Gott über Grenzen geht ...

Andrea Schwarz

Das lebendige Wort

„Im Anfang war das Wort, und das Wort war bei Gott, und Gott war das Wort. Es war im Anfang bei Gott. Alles ist durch es geworden, und ohne es ist nichts geworden, was geworden ist. In ihm war das Leben, und das Leben war das Licht der Menschen. Und das Licht scheint in der Finsternis, und die Finsternis hat es nicht ergriffen. Ein Mensch trat auf, von Gott gesandt, sein Name war Johannes. Er kam zum Zeugnis, um Zeugnis abzulegen für das Licht, damit alle durch ihn glauben. Er war nicht das Licht, sondern er sollte Zeugnis ablegen für das Licht. Das Wort war das wahre Licht, das jeden Menschen erleuchtet; es kam in die Welt. Er war in der Welt, und die Welt ist durch ihn geworden, und die Welt hat ihn nicht erkannt. Er kam in sein Eigentum, und die Seinigen nahmen ihn nicht auf. Allen aber, die ihn aufnahmen, gab er Macht, Kinder Gottes zu werden, denen, die an seinen Namen glauben, die nicht aus dem Blut, nicht aus dem Willen des Fleisches, nicht aus dem Willen des Mannes, sondern aus Gott geboren sind. Und das Wort ist Fleisch geworden und hat unter uns gewohnt und wir haben seine Herrlichkeit geschaut, eine Herrlichkeit, wie sie

der einzige Sohn vom Vater hat, voll Gnade und Wahrheit.
Johannes legte Zeugnis für ihn ab und rief: Dieser war es, von
dem ich gesagt habe: Er, der nach mir kommt, ist mir voraus,
weil er vor mir war. Aus seiner Fülle haben wir alle empfangen,
Gnade um Gnade. Denn das Gesetz ist durch Mose gegeben
worden, die Gnade und die Wahrheit ist durch Jesus Christus
gekommen. Niemand hat Gott jemals gesehen. Der Einzige,
der Gott ist und an der Brust des Vaters ruht, er hat Kunde
gebracht." (Johannes 1,1–18)

Es ist Weihnachten, endlich. So viele Worte haben wir
vor diesem Fest gemacht, gelesen oder gehört, in guten
Wünschen, in Gedichten und Liedern, in Unterhaltungen
auf den Weihnachtsfeiern, viel Musik hat uns auf dieses
Fest vorbereitet – hoffentlich. Und nun ist dieses Wort
also Fleisch geworden, Mensch geworden, und wohnt unter uns, wie es im Johannesevangelium heute heißt. Es ist
das eine Wort, das nicht im Duden steht und das ich nicht
googeln kann, das ich nur umschreiben und nicht auf-
schreiben kann; es ist das Wort, das nur gelebt und nicht
definiert werden kann; das Wort, das nicht intellektuell

expliziert, sondern durchs offene Herz aufgenommen werden will. Dieses Wort ist erst- und einmalig in Jesus Christus Mensch geworden.

Dieser aber hat uns durch seine Worte als Erben aufgetragen, sein Wort zu leben und einander weiterzusagen, um zum Vater zu gelangen. Gott macht uns an Weihnachten zum Geschenk, die Herrlichkeit, die Schönheit, die Tiefe und die existenzielle Freude empfangen zu dürfen, die in uns wohnen und sich in uns ausbreiten will, die uns die Möglichkeit gibt, über uns und unseren menschlichen Wortschatz hinauszuwachsen. Heute können wir diesem Wort Herberge geben und damit zum Anziehungs- und Orientierungspunkt werden für andere, für die Familie, unsere Freunde und all die Menschen, denen wir jeden Tag begegnen, wie auch die Krippe in Bethlehem zum Anziehungspunkt wurde für die Hirten oder die Weisen aus dem Orient.

Wäre es nicht ein großes Kompliment, wenn man über uns sagen würde, dass wir etwas ausstrahlen, was mit Gnade, Wahrhaftigkeit und Herrlichkeit in Verbindung gebracht wird? Alles, was wir in diesen Tagen verschenken, kann nur einen Symbolwert haben für das, was allen Menschen geschenkt worden ist. Unsere Seele, unser Herz, unser menschliches Leben kann zur Wohnung werden für das Wort Gottes, das durch uns in der Welt lebendig werden will und anderen Hoffnung, Zuversicht, Fröhlichkeit und Segen schenken kann. So können wir nun also aus vollem Herzen uns und anderen wünschen: Frohe und gesegnete Weihnachten!

Philipp Meyer

Jesus klingelt

Es ist Mittwoch vor Weihnachten. Elisabeth betritt mit nackten Füßen die Küche. Sie schaut zur Uhr und bemerkt, dass die Zeit stehen geblieben ist. Die Zeiger verharren. Kein Ticken. Es ist ganz still. Elisabeth setzt sich auf einen Stuhl und ist auf einmal sehr müde. Sie hat frei. Heute hat sie frei. Das macht sie immer so, weil der Advent ein einziges Vorbereiten ist. Geschenke suchen, Kekse backen, ins Weihnachtskonzert gehen, und irgendwann will sie ja auch noch andächtig sein. Deshalb hat sie vor Jahren beschlossen, einen Tag nur sich selbst zu gönnen. Keine Aufgaben, keine Verpflichtungen. Gestern noch stellte sie sich vor, gleich morgens ein Rosenholzbad zu nehmen. Und in der Wanne den ersten Kaffee zu trinken. Was für ein Luxus! Aber merkwürdigerweise fehlt ihr jetzt die Lust. Sie sieht die moosgrünen Schränke, die sie schon so lange austauschen will. Sie träumt von einer Küche aus Buchenholz, in der die Wärme eines Spätsommerabends hängt. Wo sie Ravioli mit Frischkäse füllt und am Tisch sitzen die Freunde und lachen. Wie im Fernse-

hen. Ihr Blick bleibt an den Wänden hängen und sie bemerkt, wie vergilbt das Weiß schon ist. Sie schaut durch das Fenster. Auch das Fenster ist matt von unzähligen getrockneten Regentropfen.

Elisabeth wartet und weiß nicht, worauf. Nur unglückliche Menschen warten, denkt sie, glückliche Menschen haben etwas vor, sie schreiben Einkaufslisten und überlegen, am Wochenende ein Huhn zu braten, sie telefonieren mit der Mutter oder gehen mit den Kindern in den Zoo, und die Kinder sind blond und heißen Finn und Lea. Glückliche Menschen steigen in Straßenbahnen oder Autos, sie haben ein Ziel, dem sie entgegeneilen, jemand erwartet ihr Kommen, und wenn sie sich verspäten, dann lachen sie über einen verrückten Straßenbahnschaffner oder über ein Papier, das ihnen zugeweht ist und auf dem Worte zu lesen sind, die wie eine Botschaft klingen, und dann planen sie einen Urlaub, ein Fest oder ein Kind.

Da klingelt es an der Tür. Elisabeth schaut hoch. Erst will sie nicht aufmachen, denn sie trägt ja nur ihren Morgenmantel und die Zähne hat sie auch noch nicht geputzt. Aber dann geht sie doch. Vielleicht ist es der Postmann mit einem Paket.

Sie öffnet die Tür und Jesus steht da.

„Hallo", sagt er, „ich bin's." Er sieht ein bisschen verlegen aus.

„Oh." Mehr fällt Elisabeth nicht ein. „Aber", stammelt sie, „es ist doch noch gar nicht Weihnachten."

„Ich bin inkognito hier. Mir geht der Rummel auf die Nerven. Die ganzen Lieder. Die Kerzen. Überall ‚Stille Nacht'. Ich muss mal verschnaufen. Darf ich reinkommen?"

„Ja. Sicher. Bitte." Sie weiß nicht so recht, wohin mit ihm, also führt sie ihn in die Küche. „Entschuldige, hier ist nicht aufgeräumt. Ich habe heute nämlich meinen Pausentag."

„Pause? Wovon?"

„Von den Weihnachtsvorbereitungen."

„Ach", sagt er und setzt sich. Sie schaltet den Wasserkocher ein. „Was bereitest du denn so vor?"

„Tja, bisher habe ich fünf Dosen Kekse gebacken, elf Geschenke besorgt, die selbst gebastelten nicht eingerechnet, drei Briefe und zwölf Karten geschrieben, einen Mistelzweig aufgehängt und zweiundfünfzig Strohsterne gebastelt, von denen zwanzig erst halb fertig sind. Das Weihnachtsoratorium habe ich nur zur Hälfte gehört, dann bin ich eingeschlafen. Jetzt muss ich noch den Baum schmücken, Essen kaufen und sauber machen."

„Oh!" Er sieht sie erstaunt an. „Das ist wirklich viel."

„Wem sagst du das! Willst du Kaffee?"

„Gern, danke."

„Was machst du denn so zu Weihnachten?"

Jesus nippt an seiner Tasse. „Nicht so viel. Ich bringe Frieden."

„Richtig", nickt Elisabeth. „Die alte Geschichte. Klappt aber nicht so gut, oder?"

Nachdenklich wiegt er den Kopf. „Ich habe jedenfalls genug davon."

„Warum verteilst du dann nicht mehr Frieden?"

„Ich bringe ihn jedem einzelnen Herzen."

„Ach."

„Ja."

Schweigen. Dann wendet sie ein: „Aber Streit gibt es trotzdem. Unzufriedenheit. Rastlosigkeit."

„Wenn ein Herz zu ist, nützt es nichts. Dann komme ich nicht rein. Das ist wie eine geschlossene Tür. Ich kann mein Geschenk nur davor ablegen."

„Oh. Das muss frustrierend sein."

„Ich habe mir Langmut angewöhnt. Ich mache das ja schon seit zweitausend Jahren."

Elisabeth knabbert an einem Keks und sinnt darüber nach. Dann fragt sie: „Und du? Wünschst du dir was?"

„Liebe."

„Du?"

„Ja."

„Aber – du bist doch die Liebe!"

„Die Liebe will geliebt werden. Sonst ist sie nicht ganz."

„Das klingt kompliziert."

„Gar nicht. Ich war mal auf so einem Fest. Es war ein bisschen langweilig, lauter so Wichtige-Leute-Gespräche. Da kam plötzlich eine Frau herein. Sie trug ein Fläschchen mit Öl. Du weißt schon, so ein Duftöl, ein sehr teures.

Man sah, dass diese Frau überhaupt nicht hierher passte zwischen all die feinen Gäste. Aber sie ging geradewegs auf mich zu, und dann nahm sie meinen Kopf in ihre Hände und salbte ihn mit dem Öl. Ich weiß nicht, warum sie das tat. Die meisten wollen was von mir. Sie wollte nichts. Es war das Schönste, was ich je erlebt habe."

„Tatsächlich?" Elisabeth schaut ihn neugierig an. Wie er da sitzt vor dem Berg aus Mandelmakronen und halb fertigen Strohsternen. Ein Mann mit Augenringen und grünem Kapuzenshirt. Sie hat noch nie darüber nachgedacht, wie Jesus wohl aussieht, außer, dass er auf den meisten Bildern einen Bart trägt. Sie mag keine Bärte.

Er nickt. „Ich will lieben und geliebt werden."

Genau wie sie.

„Weißt du was?", fragt sie plötzlich und macht eine einladende Geste. „Bleib doch hier. Wir tun einfach gar nichts. Das wird unser Tag."

Und so wurde Weihnachten in Elisabeths Küche.

Susanne Niemeyer

Die Sonne der Gerechtigkeit

Keine Frage: Diese Sonne hat ein neues Licht in die Welt gebracht, ein neues Klima geschaffen. Die Krippendarstellungen alter Meister geben zu denken: Der Stall in der Nacht wird nicht von außen durch (himmlische) Scheinwerfer angestrahlt, das Licht kommt von innen. Das Kind in der Krippe strahlt aus – wie eine Sonne. Da wird es hell und warm mitten in der Nacht, in den Nachtwanderungen unseres Lebens. Da wächst Zuversicht mitten in der Verzweiflung, Hoffnung im Schatten des Todes. Davon spricht der leidgeprüfte Dichter Paul Gerhardt: „Ich lag in tiefster Todesnacht, / du warest meine Sonne, / die Sonne, die mir zugebracht, / Licht, Leben, Freud und Wonne." Es ist nicht nur die einzelne Person, der durch Jesus ein Licht aufgeht. Die Lebensverhältnisse im Ganzen haben sich verändert. Die Armen sind ins Licht gerückt, und aus Fremden wurden Freunde. Kranke erhielten Pflege. Der Same wurde gelegt, dass Frau und Mann gleich gewürdigt und gleichberechtigt sind. Die ersten Christen waren es, die in Rom gegen Abtreibung, gegen die Aussetzung von Kindern und Kinderprostitution und für die Würde des Kindes Front machten. Die atemberaubende Ausbreitung des Christentums in der antiken Welt liegt wesentlich in der Botschaft von der gottgeschenkten Menschenwürde und dem Menschenrecht einer jeden Person begründet. Selbst in einem armen Kind in der Krippe wird diese Würde offenbar. Und ein gekreuzigter Mensch, Opfer mitmenschlicher Gewalt, wird zum Inbegriff der Versöhnung für alle. Ja, „das wahre Licht, das jeden Menschen erleuchtet; es kam in die Welt" (Joh 1,9).

Nicht nur die sozialen Verhältnisse änderten sich. Den Menschen würdigt, wer Gott die Ehre gibt. Beides gehört zusammen, so wahr Jesus Christus der Gottessohn und der Menschensohn ist. Wissen wir, was wir der „Sonne der Gerechtigkeit" verdanken? Sie hat der Welt gutgetan. Welcher Glanz geht von ihr aus, welch eine Energie, welch ein anderes Klima. Was wäre die Welt ohne sie?

Keine Frage: Wo Licht ist, ist auch Schatten. Das Christentum hat Schatten geworfen. Aber man soll uns doch nicht weismachen wollen, es sei eine einzige Schattengeschichte. Das können nur Geschichtsblinde sich einreden lassen. Wir haben keinen Grund, uns zu verstecken. Wir dürfen uns nicht verstecken.

„Sonne der Gerechtigkeit, gehe auf zu unserer Zeit." Wie ist das „zu unserer Zeit"? Geht sie auf oder geht sie unter? „Er kam in sein Eigentum, und die Seinigen nahmen ihn nicht auf" (Joh 1,11). Wird die „Sonne der Gerechtigkeit" in unseren Breiten kippen? Wie wird die Welt dann aussehen? Werden wir zurückfallen in eine neuheidnische Vergleichgültigung des einzelnen Menschen und seiner Würde? Am Anfang und Ende des Lebens ist man bereits kräftig dabei. Wo alles gleich gültig ist, wird eben auch alles gleichgültig, egal; es verliert seinen Ernst, seine Verbindlichkeit. Jeder sieht, dass er irgendwie zurechtkommt und vor allem auf seine Kosten kommt. Alles dümpelt so dahin, lust- und leidenschaftslos. Der apathische Grundakkord in der Lebenseinstellung bringt schließlich „cool" als Zauberwort hervor. Cool ist das Gegenteil von warm, heiß, von Sonne. Da fehlt der heiße Atem der Leidenschaft. Wo ist die Kraft, über den eigenen Tellerrand hinauszuschauen? Wo ist das Ziel, für das sich zu leben lohnt und sogar zu sterben? Das Leben ist nicht so flach wie ein Geldschein.

Dann geht die Sonne unter, dann ist der Ofen aus. Dann regiert der Markt, das Kapital – eiskalt, knallhart! Und der Sonntag bleibt auf der Strecke. Wo aber der Sonnentag mit seiner österlichen Energie untergeht, geraten auch die Werktage ins dunkle Grau in Grau.

Die Krise in unserer Gesellschaft und in der Welt ist eine Krise des Menschen. Wir haben vergessen, dass Gott zur Welt gekommen ist und in ihr Raum gewinnen will. Wer aufhört, Gott zu ehren, fängt schließlich an, ihn zu spielen. Das ist ein böses Spiel. Welcher Schaden entsteht dort, wo man faktisch ohne Gott auszukommen meint? Wo man die Kinder um Gott betrügt? Was ist, wenn Generationen heranwachsen, die das Gleichnis vom barmherzigen Samariter oder das Liebesgebot nicht mehr kennen? Wir haben viel zu verlieren!

Wir sprechen derzeit viel von erneuerbarer Energie. Die liegt nicht nur im Wind oder in der Erde, sie steckt zuallererst in uns selbst. „Das wahre Licht, das jeden Menschen erleuchtet; es kam in die Welt" (Joh 1,9). In jedem Menschen steckt diese erneuerbare Lebensenergie. Nichts Besseres unter der Sonne, als unter der Sonne zu sein, unter der „Sonne der Gerechtigkeit", Jesus Christus.

Franz Kamphaus

„*Lasset* uns sehen in *Bethlehems* Stall"

An der Krippe

Kommet, ihr Hirten, ihr Männer und Fraun,
Kommet, das liebliche Kindlein zu schaun,
Christus, der Herr, ist heute geboren,
Den Gott zum Heiland euch hat erkoren.
Fürchtet euch nicht!

Lasset uns sehen in Bethlehems Stall,
Was uns verheißen der himmlische Schall;
Was wir dort finden, lasset uns künden,
Lasset uns preisen in frommen Weisen:
Halleluja!

Wahrlich, die Engel verkündigen heut
Bethlehems Hirtenvolk gar große Freud:
Nun soll es werden Friede auf Erden,
Den Menschen allen ein Wohlgefallen:
Ehre sei Gott!

Gotteserfahrung

Gotteserfahrung braucht nichts Sensationelles oder Ungewöhnliches zu sein. Die Gotteserfahrung ist zweifellos verschieden von unseren alltäglichen Erfahrungen: Sie kann sich zum Beispiel in der tiefen inneren Stille mitteilen; in der Erfahrung leuchtender Dunkelheit oder der Leere, die Erfüllung bringt. Man kann plötzliche, unerklärliche Blitze der Ewigkeit oder der Unendlichkeit erfahren, die uns erreichen, wenn wir am wenigsten auf sie gefasst sind, etwa mitten in der Arbeit oder beim Spiel ... So wenig müssen wir tun, um Gott zu erfahren. Wir müssen nur still werden – und uns der Empfindungen in unserer Hand bewusst werden. Da hast du Gott, lebendig und tätig in dir, er berührt dich, er ist dir sehr nahe. Spüre ihn, erfahre ihn!

Anthony de Mello

Ich steh an deiner Krippen hier

Lukas beschreibt bei der Geburt Jesu die Futterkrippe, in die er gelegt wurde: Maria „wickelte ihn in Windeln und legte ihn in eine Krippe, weil in der Herberge kein Platz für sie war" (Lukas 2,7). Diese Krippe ist ein Bild für die Armut des Kindes, in dem Gottes Herrlichkeit aufleuchtet. Künstler haben die Krippe in den verschiedensten Formen dargestellt. Im Osten ist es oft eine steinerne Krippe, die wie ein Sarg aussieht. Und das Kind ist gewickelt wie ein Leichnam. Offensichtlich weist hier die Krippe auf das Grab Jesu hin, in dem Jesus von neuem geboren wurde – in der Auferstehung. Erst dort ist der Tod für immer überwunden. Christi Geburt ist die Ursache, dass wir im Tod zum jenseitigen Leben wiedergeboren werden. Menschwerdung, Passion und Auferstehung gehören zusammen. Wenn Paul Gerhardt dichtet: „Ich steh an deiner Krippen hier, o Jesus, du mein Leben", dann ist das keine Idylle, aber es ist auch ein Bezugspunkt der Hoffnung des Beters, wenn er in einer weiteren Strophe betet: „Ich lag in tiefer Todesnacht, du warest meine Sonne." Dietrich

Bonhoeffer hat über dieses Lied in der Gefängniszelle Tegel meditiert und am 4. Advent 1943 an seinen Freund Eberhard Bethge geschrieben: „Es ist in jedem Wort ganz außerordentlich gefüllt und schön, ein klein wenig mönchisch-mystisch ist es, aber doch gerade nur so viel, wie es berechtigt ist; es gibt neben dem Wir doch auch ein Ich und Christus, und was das bedeutet, kann gar nicht besser gesagt werden als in diesem Lied."

Anselm Grün

Weihnachtschronik

Der Heilige Joseph träumte in der Höhle zu Bethlehem.
Er war betrübt über die Herzlosigkeit der Wirte, die sich
geweigert hatten, der Jungfrau mit ihrer heiligen Last
ihre Türe zu öffnen. Bekümmert darüber, seine Gattin
und seinen Gott mit ihm zusammen diesen elenden Stall
teilen zu sehen, war er mit einem schweren Seufzer ein-
geschlummert.

Jedoch während des Schlafs verflog seine Trauer, denn
der sanfte Zimmermann träumte, dass er den zwei geliebten Wesen einen Palast aus seltenem Holz und kost-
barem Gestein aufgebaut hätte. Bald schien ihm dieser Bau vollendet, und Maria und Jesus ruhten dort auf
prächtigen Kissen.

Da erwachte der Handwerker in derselben elenden Krippe, in der er eingeschlafen war. Aber seine Seele schwell-
te göttliche Wahrheit plötzlich mit solcher Liebe, und er
fühlte, dass die Freude, die die Armut in Gott einflößt,
jede andere Freude unendlich übertrifft.

Er hörte Unsre Liebe Frau sagen:

„Wie glücklich sind wir!"

Und er konnte ihr nur mit Tränen antworten, die das Stroh, auf dem der Heiland lächelte, nässten.

Francis Jammes

Hoffnungsgrün

Das Geheimnis unseres Gottes, das Geheimnis der Weihnacht will unser Leben, will unsere Lebendigkeit.

Dafür stehen all die Zeichen des Lebens, die wir gerade in diesen Tagen in unsere Wohnungen und Häuser und Kirchen hereinholen: das Grün der Tannen, das Zeichen des Lebens in einer Zeit, in der alles Grün sonst verborgen ist; das Licht der Kerzen in einer Zeit, die hier in unseren Breitengraden von Dunkelheit geprägt ist; Verheißungen von Leben in Fülle in eine Zeit hinein, die voller Katastrophenmeldungen ist.

Wer im Geheimnis wohnt, für den strahlt im Dunkel ein Licht, für den wächst mitten im Winter aus der Wurzel ein Reis, ein grüner Zweig.

Der hofft trotz aller Hoffnungslosigkeit, der vertraut trotz aller Enttäuschungen, der glaubt allen Zweifeln zum Trotz. Der folgt einem Stern und traut einem Wort. Der sieht ein Kind in der Krippe, in einem erbärmlichen Stall – und fällt auf die Knie, um es anzubeten. Der lässt sich von den Pappkulissen unserer Gesellschaft nicht täuschen – der sieht hinter die Kulissen, der fragt nach dem Sinn, der sucht das Mehr, der findet Gott.

Andrea Schwarz

Die drei dunklen Könige

Er tappte durch die dunkle Vorstadt. Die Häuser standen abgebrochen gegen den Himmel. Der Mond fehlte, und das Pflaster war erschrocken über den späten Schritt. Dann fand er eine alte Planke. Da trat er mit dem Fuß gegen, bis eine Latte morsch aufseufzte und losbrach. Das Holz roch mürbe und süß. Durch die dunkle Vorstadt tappte er zurück. Sterne waren nicht da.

Als er die Tür aufmachte (sie weinte dabei, die Tür), sahen ihm die blaßblauen Augen seiner Frau entgegen. Sie kamen aus einem müden Gesicht. Ihr Atem hing weiß im Zimmer, so kalt war es. Er beugte sein knochiges Knie und brach das Holz. Das Holz seufzte. Dann roch es mürbe und süß ringsum. Er hielt sich ein Stück davon unter die Nase. Riecht beinahe wie Kuchen, lachte er leise. Nicht, sagten die Augen der Frau, nicht lachen. Er schläft.

Der Mann legte das süße, mürbe Holz in den kleinen Blechofen. Da glomm es auf und warf eine Handvoll warmes Licht durch das Zimmer. Die fiel hell auf ein winziges rundes Gesicht und blieb einen Augenblick. Das Gesicht war erst eine Stunde alt, aber es hatte schon alles, was dazugehört: Ohren, Nase, Mund und Augen. Die Augen mußten groß sein, das konnte man sehen, obgleich sie zu waren. Aber der Mund war offen, und es pustete leise daraus. Nase und Ohren waren rot. Er lebt, dachte die Mutter. Und das kleine Gesicht schlief.

Da sind noch Haferflocken, sagte der Mann. Ja, antwortete die Frau, das ist gut. Es ist kalt. Der Mann nahm noch von dem süßen, weichen Holz. Nun hat sie ihr Kind gekriegt und muß frieren, dachte er. Aber er hatte keinen, dem er dafür die Fäuste ins Gesicht schlagen konnte. Als er die Ofentür aufmachte, fiel wieder eine Handvoll Licht über das schlafende Gesicht. Die Frau sagte leise: Kuck, wie ein Heiligenschein, siehst du? Heiligenschein! dachte er, und er hatte keinen, dem er die Fäuste ins Gesicht schlagen konnte.

Dann waren welche an der Tür. Wir sahen das Licht, sagten sie, vom Fenster. Wir wollen uns zehn Minuten hinsetzten. Aber wir haben ein Kind, sagte der Mann zu ihnen. Da sagten sie nichts weiter, aber sie kamen doch ins Zimmer, stießen Nebel aus den Nasen und hoben die

 Füße hoch. Wir sind ganz leise, flüsterten
sie und hoben die Füße hoch. Dann fiel
das Licht auf sie. Drei waren es. In drei
alten Uniformen. Einer hatte einen
Pappkarton, einer einen Sack. Und der
dritte hatte keine Hände. Erfroren, sagte er,
und hielt die Stümpfe hoch. Dann drehte er dem Mann
die Manteltaschen hin. Tabak war drin und dünnes Papier.
Sie drehten Zigaretten. Aber die Frau sagte: Nicht, das
Kind. Da gingen die vier vor die Tür, und ihre Zigaretten
waren vier Punkte in der Nacht. Der eine hatte dicke um-
wickelte Füße. Er nahm ein Stück Holz aus einem Sack. Ein
Esel, sagte er, ich habe sieben Monate daran geschnitzt.
Für das Kind. Das sagte er und gab es dem Mann. Was ist
mit den Füßen? fragte der Mann. Wasser, sagte der Esel-
schnitzer, vom Hunger. Und der andere, der dritte? fragte
der Mann und befühlte im Dunkeln den Esel. Der dritte zitterte in seiner Uniform: Oh, nichts, wisperte er, das
sind nur die Nerven. Man hat eben zuviel Angst gehabt.
Dann traten sie die Zigaretten aus und gingen wieder hinein.

Sie hoben die Füße hoch und sahen auf das kleine schlafende Gesicht. Der Zitternde nahm aus seinem Pappkarton zwei gelbe Bonbons und sagte dazu: Für die Frau sind die.

Die Frau machte die blassen Augen weit auf, als sie die drei Dunklen über das Kind gebeugt sah. Sie fürchtete sich. Aber da stemmte das Kind seine Beine gegen ihre Brust und schrie so kräftig, daß die drei Dunklen die Füße aufhoben und zur Tür schlichen. Hier nickten sie nochmal, dann stiegen sie in die Nacht hinein.

Der Mann sah ihnen nach. Sonderbare Heilige, sagte er zu seiner Frau. Dann machte er die Tür zu. Schöne Heilige sind das, brummte er, und sah nach den Haferflocken. Aber er hatte kein Gesicht für seine Fäuste.

Aber das Kind hat geschrien, flüsterte die Frau, ganz stark hat es geschrien. Da sind sie gegangen. Kuck mal, wie lebendig es ist, sagte sie stolz. Das Gesicht machte den Mund auf und schrie.

Weint er? fragte der Mann.

Nein, ich glaube, er lacht, antwortete die Frau.

Beinahe wie Kuchen, sagte der Mann und roch an dem
Holz, wie Kuchen. Ganz süß.

Heute ist ja auch Weihnachten, sagte die Frau.

Ja, Weihnachten, brummte er, und vom Ofen her fiel eine
Handvoll Licht auf das kleine schlafende Gesicht.

Wolfgang Borchert

Und sie folgten dem Stern

An einem Nachmittag in den Weihnachtsferien tauchten meine Kinder und ich aus einer U-Bahn-Station auf und sahen die Sternsinger durch die Straße ziehen. Zwei von den drei Kindern kannten wir und so fragte ich: „Wart ihr schon bei uns? Haben wir euch verpasst?" Sie nickten. „Könnt ihr nachher noch zu uns kommen?" Wieder ein Nicken. Wir mögen die Sternsinger, vor allem, wenn Kinder mitmachen, die wir kennen, was meistens der Fall ist. Wenn sie ihre Ferien- oder Wochenendzeit schenken, um für Kinder in Not zu sammeln, dann möchten wir das unterstützen. Die drei zogen weiter und wir eilten nach Hause, um sie nicht ein weiteres Mal zu verpassen.

Am 6. Januar, dem Fest der Heiligen Drei Könige, rücken unsere Kinder die Königsfiguren bis zur Krippe vor. Denn an Heiligabend stehen die Weisen aus dem Morgenland noch weit hinter dem Tannenbaum und kommen jeden Tag ein bisschen näher an die Krippe heran. Sie bringen dem Jesuskind in der Krippe kostbare Gaben: Gold, Myrrhe und Weihrauch. Myrrhe steht für Heilung. Noch heute nutzt man sie in der Medizin, denn sie desinfiziert und hilft bei entzündetem Zahnfleisch. Der Weihrauch steht für „Gott ist bei Jesus" oder „Christus ist im Rauchfass", aber auch dafür, dass der Rauch die Gebete der Menschen zum Himmel trägt.

In der Bibel heißt es: Die Sterndeuter (oder Könige, wie sie genannt werden) waren einem sehr hellen Stern gefolgt, der sie zu einem neuen König bringen sollte. Auf ihrer Suche waren sie bei König Herodes angekommen und hatten nach dem neuen König gefragt. Zwar ließ Herodes sie gen Bethlehem ziehen, verlangte aber, die drei Sterndeuter sollten zurückkehren und ihm sagen, wo der neue König zu finden sei. Herodes hatte nämlich beschlossen, keinen weiteren König neben sich zu dulden. Nachdem aber die Könige Jesus in der Krippe gefunden hatten, erschienen Engel und warnten Jesus, Maria und Josef sowie die Könige. Sie flohen und Herodes konnte Jesus nicht umbringen.

Eine etwas andere Weihnachtsgeschichte erzählt der Kinderbuchautor Erich Jooß in „Drei Könige". Hier stapfen drei Jungen mit schiefen Kronen los. Einer der Jungen

ist höchst unzufrieden mit der Situation. Es schneit und regnet, seine Krone weicht auf und er friert. Nein, so sei man doch wahrlich nicht heilig, sondern eher ein Bettler, denkt er.

Daher verwundert es wenig, dass kaum jemand die Türe für die Kinder öffnen mag. Doch diese drei Jungen geben nicht auf. Sie bitten im Dorf um Gaben für eine arme Familie mit einem Baby, die am Rande des Ortes haust. Es dauert eine ganze Weile, bis jemand bereitwillig teilt, aber dann bekommen die Jungen doch Brennholz, Milch und Brot geschenkt. Der Sack, den sie nun schleppen, ist schwer geworden. Jedoch stapfen die Jungen unverdrossen weiter und bringen die Gaben der Familie in dem alten, halb verfallenen Haus. Ein Stern auf einem Holzstock, den einer der Jungen vor sich herträgt, führt sie. Sie verspüren Angst, doch sie gehen weiter.

Die Familie ist eine Flüchtlingsfamilie. Bereitwillig helfen die Königsjungen beim Feuermachen, damit es die Familie mit dem Kind schön warm hat. Das Buch „Drei Könige" erzählt auf eine ungewöhnliche Art vom Weitermachen trotz widriger Umstände, vom Sich-leiten-Lassen und von Freude, die anderen geschenkt werden kann.

Mich erfreut es immer, wenn ich neben den klassischen Geschichten Bücher entdecke, die eine bekannte Thematik neu oder anders aufgreift. Ich finde, es lohnt sich, Kindern solche Geschichten vorzulesen, gemeinsam mit ihnen zu lesen und zu besprechen.

Es klingelte und wie zuvor versprochen standen die Sternsinger vor unserer Tür. Sie sagten ein Gedicht auf und nahmen unsere Spende entgegen. Anschließend bekamen wir den Segen „20* C+M+B 19" an die Tür geschrieben und die Kinder bekamen Schokolade zum Dank für ihr Engagement von uns.

Wir freuen uns jedes Jahr, wenn Sternsinger zu uns kommen und wir sie durch unsere Nachbarschaft laufen sehen.

Christine Schniedermann

„In dulci iubilo"

Das Fest des Lebens

In dulci iubilo,
nun singet und seid froh!
Unsers Herzens Wonne
leit in præsepio
und leuchtet als die Sonne
matris in gremio.
Alpha es et O.
Alpha es et O.

Den Menschen zugewandt

Ist dir nach Weihnachten zumute? Bist du auf die Feiertage eingestimmt? Hast du die vielen Lichter gesehen, die vollen Geschäfte, die Menschen, die große Geschenkpakete schleppen? Was wollen sie eigentlich?

Die Menschen suchen Freude, Frieden, aber findet man das auf dem Gabentisch? Weihnachten – nur ein Fest schöner Gefühle? Weihnachten ist das Fest eines Gottes, der sich den armen Menschen zuwendet, den Verlassenen, Ausgestoßenen, Einsamen.

Innere Freude und einen tiefen Frieden werden die Menschen finden, die in der Welt Liebe spürbar machen, die sich ihren Mitmenschen zuwenden, lebendige Menschen mit offenen Armen und mit einem großen Herzen.

Phil Bosmans

Wovon das Herz voll ist

Man kann auf verschiedene Weise von Gott sprechen: Man kann über ihn diskutieren und sich dabei die Köpfe heißreden, man kann von seiner Geschichte mit den Menschen erzählen, und man kann sich einfach darüber freuen, dass er da ist, und aus lauter Freude ein Lied anstimmen: „Meine Seele preist die Größe des Herrn." Lieder lernt man kennen, indem man sie singt, weniger indem man sie Wort für Wort auseinandernimmt und mühsam erklärt. Was ist schon eine Predigt gegenüber dem Gesang?

Da sagt ein Mensch zum anderen: Du, ich liebe dich! Erklären Sie das. Das ist nicht zu erklären, das ist nicht zu begreifen, davon kann man sich „nur" ergreifen lassen. Wenn das geschieht, dann feiern wir ein Fest und singen. Und das ist das Beste, was wir in solchen Situationen tun können, dass wir im Grunde gar nichts mehr tun, sondern einfach feiern und vor Freude singen. Und wenn Gott sagt: Du, ich liebe dich – sollen wir das erklären? Ich sage in aller Offenheit: Das kann ich nicht erklären – nicht in der elenden Verlegenheit, die vor den Skeptikern die Waffen streckt, sondern weil Gottes Liebe unverfügbar ist. Wie in aller Welt sollen wir das erklären, dass Gott uns liebt? Das ist unbegreiflich. Davon kann man sich „nur" ergreifen lassen. Wo das geschieht, da wird gefeiert und gesungen.

Franz Kamphaus

Weihnachten und Fußball

Im Fußball kommen die Körper in eigenartiger Form zum Einsatz. Direkte Berührungen sind verboten und können schnell als Foul geahndet werden. Den Ball dürfen die Spielerinnen oder Spieler mit dem Fuß oder mit dem Kopf berühren, auf keinen Fall mit der Hand. Diese Einschränkungen machen den Reiz des Spiels aus. Verboten und erlaubt: Die Unparteiischen wachen darüber, unterstützt von den Linienrichterinnen oder Linienrichtern, neuerdings auch durch Videoüberwachung.

Es gibt wohl keine Religion, die das Körperliche so betont wie die christliche. So glauben wir Christen an die Auferstehung des Leibes nach dem Tod. Das meint natürlich nicht den irdischen Körper, sondern den ganzen Menschen mit Leib und Seele.

Weihnachten wird klar, dass Gott in seinem Sohn ganz Mensch wird, als Baby wie wir alle geboren. Ganz Gott und ganz Mensch nimmt Christus auch den Tod in Kauf. Als er am Kreuz hängt und stirbt, durchstößt ein Soldat seine Brustseite mit einer Lanze. Der berühmte Jahrhunderttheologe Karl Rahner hat seine Doktorarbeit über die „Hervorbringung der Kirche aus der Seitenwunde Christi", also aus dem Leib, geschrieben.

Neben der Körperlichkeit ist es das Spiel, das Kirche und Fußball in Verbindung bringt. Romano Guardini, Vater der Liturgischen Bewegung, bezeichnete den Gottesdienst als „Heiliges Spiel". Der spielende Mensch, „homo ludens", verarbeitet im Spiel sein Leben – in der Liturgie der Kirche wie im Fußball. Für viele Menschen ist heutzutage der Fußball die entscheidende Liturgie, in der sie ihren Alltag hinter sich lassen können und sich zweckfrei bewegen. Das gilt für das Fußballspiel, aber auch für den Gottesdienst. Die Menschen sind zusammen und können sich begeistern lassen, um den Alltag zu vergessen. Ich bin ja kein eingefleischter Fußballfan, kann mich aber bei den Weltmeisterschaften immer begeistern, wenn chancenlose Teams, etwa aus Afrika, ein Spiel gewinnen. (...)

Zurück ins Müngersdorfer Stadion, wo der FC spielt. Im Advent findet hier der große Gemeinschaftsevent der Stadt statt: das Weihnachtssingen. Natürlich abends mit vielen Lichtern. Zuletzt war dies vor der Pandemie im

Advent 2019 möglich, dann kam Corona und Singen war verboten, auch in den Kirchen. Denn, so sagt die Wissenschaft, beim Singen stoßen wir dreißigmal so viele Aerosole aus wie beim Sprechen.

Gesang ist die Sprache der Engel, lautet ein Wort in der orthodoxen Kirche. Martin Luther zitiert Augustinus: Wer singt, betet doppelt. Also sind auch die Fangesänge auf dem Fußballplatz ein wichtiger Teil der Liturgie. „Wo man singt, da lass dich ruhig nieder. Böse Menschen haben keine Lieder", dieser alte Spruch stimmt leider nur begrenzt, wenn man nur schon an die Trommler und Lieder der Soldaten denkt, die in die Schlacht zogen. Musik kann allerdings auch heilen. So berichtet die Bibel, wie der junge David den König Saul durch Harfenspiel von seiner Depression befreit.

Die moderne Hirnforschung lehrt, dass die Hirnentwicklung durch Musik deutlich gefördert wird. Also hin zur Vernunft durch gemeinsamen Gesang, im Fußballstadion wie in der Kirche!

Franz Meurer

Zeit der Lieder

Alle Jahre wieder geschieht es: Auf wundersame Weise zaubert die Adventszeit Klänge und Gesänge aus den Häusern und verschollene Musikinstrumente aus den Kellern. Die Kinder kramen ihre Blockflöten aus den Schubladen, Gitarren und Geigen werden eifrig gestimmt, das eingestaubte Klavier im Wohnzimmer liebevoll gereinigt. Dies ist die Zeit der Lieder. Einladungen zu Hauskonzerten machen die Runde, gemeinsame Singabende im Familien- und Freundeskreis werden organisiert. Die beste Gelegenheit also, das eigene verwaiste Musikinstrument aus dem Schrank zu holen und die einstige Freude am Musizieren wiederzuentdecken. Wie ein Kind sich erneut zu begeistern an der Gabe, der Trompete Töne zu entringen und auf den Tasten des Klaviers eine Melodie zu formen. Die einfachen Tonfolgen und einprägsamen Texte der Weihnachtslieder machen es möglich, gemeinsam im Familienkreise zu musizieren und mit den Kindern zu singen. Und selbst die weniger Stimmbegabten unter uns können mitsingen oder zumindest mitsummen.

Weihnachtslieder ergreifen uns. Sie rühren uns an, öffnen die Herzen, wecken Erinnerungen an glückliche Kindheitstage. Immer wenn ich das getragene *Es ist ein Ros entsprungen* höre, denke ich an meine Großmutter, die es mit ihrer hohen, zittrigen Altersstimme so ergreifend zu singen wusste wie niemand sonst. Und so zuverlässig wie das mächtige *Tochter Zion, freue dich* unser Herz ergreift, das fröhliche und leichtfüßige *Jingle Bells, Jingle Bells* für gute Laune sorgt, bringt das *Kling Glöckchen, klingelingeling* die Kinder zum Glucksen und die Erwachsenen zum Schmunzeln.

Singen wirkt stimmungsaufhellend und macht erwiesenermaßen glücklich. Und genau das können wir in der dunklen Jahreszeit so gut gebrauchen. Beim Singen vertieft sich die Atmung, das Herz schlägt langsamer und der Blutdruck sinkt. Damit hat das Singen eine ebenso beruhigende Wirkung wie die Atemübungen des Yoga. Das gemeinsame Singen wärmt und besänftigt aber nicht nur das eigene Herz, es verbindet dieses auch mit anderen Herzen. Denn beim Singen atmen wir synchron und unsere Herzen schlagen im gleichen Rhythmus. Dieser Einklang von Atmung und Herzschlag verbindet Menschen auf einzigartige Weise. Harmonie und Gemeinschaftsgefühl breiten sich aus. Der Geigenvirtuose Yehudi Menuhin brachte dies mit den Worten zum Ausdruck: „Wir vermögen, zum Lobpreis der Schöpfung einigender Gesang zu sein."

Nun ist auch die Zeit der großen Kirchenkonzerte. Die über das Jahr so oft verwaisten Kirchen werden zu begehrten Kulturstätten und beliebten Konzertsälen. Es ist die Musik, die die Menschen hier zusammenführt. Johann Sebastian Bachs *Weihnachtsoratorium* sorgt ebenso für Andacht und Ergriffenheit wie Georg Friedrich Händels *Messiah*. Die Orgel mit ihrem mächtigen Klang, der vielstimmige Chorgesang trägt unsere Herzen empor in nahezu himmlische Sphären. Bach und Händel schufen bewusst harmonische Formeln und Frequenzen, die im Gehirn Harmonie erzeugen. Ihr Anliegen war es, einen Gemütszustand zu schaffen, der die Menschen von weltlichen Sorgen befreit und ihren Geist für Größeres öffnet. Nicht umsonst gilt daher Barockmusik als besonders heilsam für Körper und Geist. Sie wirkt sich stabilisierend auf Blutdruck und Herzfrequenz aus, beruhigt die Atmung und reduziert Stresshormone. Nutzen Sie daher jede Gelegenheit, um Musik und Gesang zu genießen!

Christa Spannbauer

Leben spüren

Auf dem Petersplatz in Rom wird an Weihnachten alljähr-
lich eine Krippe mit lebensgroßen Figuren aufgebaut. Viele kennen sie aus Fernsehübertragungen. An den Feiertagen kommen oft Hirten (die sog. Zampognari) aus den
Abruzzen zu dieser Krippe, um auf ihren Dudelsäcken alte
italienische Weihnachtslieder zu spielen. Der eigenwillige
Klang dieser einfachen Instrumente verbreitet dann eine
ganz besondere Atmosphäre.

Weihnachten und Musik gehören einfach zusammen.
Schon in der Weihnachtserzählung des Lukasevangeliums
liest man, wie sich der Himmel auftut und die Engel mit
ihrem Gesang interpretieren, was in der Heiligen Nacht
geschieht: Mitten in der Not können wir die Gegenwart
Gottes erblicken. Seine Liebe öffnet der Welt die Zukunft.
Vor rund vierzig Jahren, als ich von meinen Mitbrüdern
zum Erzabt von St. Ottilien gewählt wurde, habe ich mir
gemäß alter Tradition einen Wahlspruch ausgesucht: „Ju-
bilate Deo" – lobt Gott, ja, singt Gott den Lobpreis! Die
Worte stammen aus einem wunderschönen gregoriani-

schen Gesang: „Lobpreist Gott alle Lande, alle Welt juble ihm zu!" Diese Aufforderung gilt allen Menschen.

Musik kann unsere Freude und Dankbarkeit in einer Weise ausdrücken, die Leib und Seele umfasst. Ich selbst erlebe immer wieder, wie zehn Minuten Mozart auf der Querflöte mein Herz erheitern, wenn ich niedergeschlagen bin, oder mir im Stress helfen, Ruhe zu finden. Natürlich kann es auch guttun, sich in der Rock-Musik mit einem festen Rhythmus einmal den Frust von der Seele zu stampfen. Musik ist eine wirkungsvolle Psychomedizin. Wir sollten ihre heilsame Kraft nicht unterschätzen.

Einst haben in Europa große Komponisten wunderbare Weihnachtsmusik geschrieben. Bei Weihnachtsfeiern wurde ich schon öfter gebeten, auf der Querflöte eine Bachkantate zu spielen. Sie erzählt von Gottes Gnade, die unsere Sehnsucht nach Frieden nicht ins Leere laufen lässt, in die Absurdität, sondern beantwortet. Solche Musik lässt etwas von der Gegenwart Gottes ahnen.

Notker Wolf

Bude voll oder Spaziergang allein im Wald?

Am ersten oder zweiten Weihnachtsfeiertag macht sich halb Deutschland auf den Weg. Von „himmlischer Ruh" keine Spur. Es geht zu Oma und Opa, zur Tante, zum Bruder, zu den Cousins. So sehr sich die meisten auf die Feiertage freuen, so gehen sie nicht selten mit Familienzwist einher. Welche Großeltern werden zuerst besucht? Wer kommt alles noch? Wie lange bleiben wir? Diese Fragen sorgen schon zuweilen im Advent für Unruhe in den familiären Reihen.

Hinzu kommen die unterschiedlichen Charaktere, die eine Familie zu bieten hat, samt unterschiedlicher Vorstellungen von „schönen" Feiertagen. Während die einen gern die Hütte voll haben, sich freuen, wenn sich Matratzen zum Schlafen auf dem Boden stapeln und sich die Verwandtschaft in der Küche auf den Füßen steht, so haben es andere gern ruhig, bevorzugen einen Spaziergang durch den Wald, anstatt bei Torte gequetscht auf dem Sofa zu hocken. Es gibt die Verwandtschaft, die gern redet oder gern feiert oder gern isst oder gern ihre Ruhe genießt. Jeder hat so seine Vorlieben und hinzu kommen die unterschiedlichen Lebensphasen, die aufeinanderprallen. Wer beruflich ständig eine 60-Stunden-Woche fährt, oft auf Dienstreisen ist, hätte an Weihnachten vielleicht lieber ein paar Stündchen Zeit für sich. Wer kleine Kinder hat, die nachts zu den Eltern tapsen, mag am 25. Dezember vielleicht mal keinen Wecker stellen, um die Koffer zu packen und aufzubrechen. Wer unterm Jahr wenig Besuch bekommt, freut sich vielleicht über ein volles Haus.

Während es dem einen nichts ausmacht, tagelang zu backen, zu kochen, einzufrieren, würde die andere am liebsten Pizza bestellen. Die einen wollen das perfekte Essen servieren, auch wenn das Rezept zu schwierig ist. Die anderen wollen absolute Harmonie, Diskussionen über Politik und Religion sind tabu, Sticheleien gegen andere ebenfalls. Es gibt die Präsentierer auf Familienfeiern: „Schaut her, was ich alles kann!", die Machtdemonstratoren: „Ich hab hier das Sagen und alles läuft so, wie ich es will!", die Quatschlustigen, die einfach mit jedem über

Gott und die Welt reden wollen, die Ausklinker, die lieber an der frischen Luft sind, bevorzugt allein.

Auf Weihnachten werden hohe Erwartungen projiziert, und es hat verdammt noch mal harmonisch, lustig, lecker und gemütlich zu sein. Aber alle Charaktere, alle Lebenssituationen und die unterschiedlichen Erwartungen in ein, zwei Tage zu stopfen, geht häufig schief. Wer hat bei all dem Stress, der Hektik, familiärem Streit und den schlaflosen Nächten (sei es aufgrund der unbequemen Gästecouch oder der konfliktbeladenen Gespräche) noch im Blick, worum es eigentlich geht?

Ich muss zugeben, dass mir dieser Blick auch schon abhandengekommen ist. In meiner Vergangenheit gab es durchaus explosive Weihnachtsfeiertage. Das Kind in der Krippe und mit ihm die Liebe wurden zur Seite gedrängt. Weihnachten. Das Fest der Liebe und des Friedens. Gott kommt zu uns Menschen auf die Erde. Er will unter uns sein. Uns begleiten. Er schickt seinen Sohn, der als kleines Kind im Stall liegt. Jesus sagt uns, dass die Liebe der Weg ist. Eine einfache, wunderschöne und doch sehr schwere Botschaft.

Die meisten Menschen sehnen sich nach Liebe, Verständnis füreinander, Nachsicht bei Fehlern, Harmonie, Frieden. Die, die es schwer haben, wünschen sich, dass es jemand bemerkt und ihnen geholfen wird, ob finanziell oder psychisch. Auch freundliche Worte, ein Lächeln, ein Geschenk (oder eine Spende) können im Kleinen viel bewirken. Es geht nicht darum, dass ein Mensch die ganze Welt retten soll. Doch wenn jeder mit einer Kleinigkeit anfängt, ist viel gewonnen.

Wen kümmert eine angebrannte Soße? Ist es nicht egal, wenn die Frisur zu kurz ist? Müssen Angeberei, verletzende, niedermachende Worte und Streit an Weihnachten sein? Die Liebe sollte im Vordergrund stehen, wenn wir das Weihnachtsfest fröhlich feiern wollen. Denn das ist es, was zählt. Nicht der perfekte Braten, nicht die coolsten Geschenke, sondern das Miteinander und das Mitgefühl.

Meinen Kindern möchte ich nicht zeigen, dass Weihnachten permanenter Stress bedeutet. Meine Kinder sollen später nicht glauben, dass Perfektion – und für wen ist wann eigentlich etwas perfekt? – zu den Festtagen zwingend gehört. Ich möchte nicht, dass meine Kinder einmal Schnappatmung bekommen, weil zu hohe Erwartungen an die Feierlichkeiten sie zu erdrücken drohen. Sie sollen Weihnachten als ein fröhliches, liebevolles, freies Fest erleben. Wenn sie später Weihnachten ganz anders feiern wollen, als mein Mann und ich es tun, vielleicht mit einer großen Party oder allein auf einer einsamen Insel, dann entscheiden sie das.

Christine Schniedermann

Dein größter Wunsch

Vergegenwärtige dir deinen größten Wunsch. Augustinus sagte: „Jeder Wunsch, über den Gott uns erreicht, ist bereits ein Gebet. Es gibt ein inneres Beten, das kein Ende hat: deinen Wunsch. Wenn du ohne Unterlass beten willst, dann höre nie auf zu wünschen." Trau dich, dir zu wünschen, und hab den Mut, Gott deine Wünsche zu sagen.

Anthony de Mello

Anhang

Quellenverzeichnis

Alle Quellentexte sind, wenn nicht anders angegeben, im Verlag Herder, Freiburg im Breisgau, erschienen. © Verlag Herder GmbH, Freiburg im Breisgau.
Die Bibeltexte sind entnommen aus: *Die Bibel. Die Heilige Schrift des Alten und Neuen Bundes. Vollständige deutsche Ausgabe* © *Verlag Herder, Freiburg im Breisgau 2005.*

Walter Benjamin, Berliner Kindheit um Neunzehnhundert. Gesammelte Schriften, Bd. IV. Frankfurt am Main, 1972

Wolfgang Borchert, An diesem Dienstag. Hamburg 1947

Phil Bosmans, Lichtblicke. Ein gutes Wort für jeden Tag, 2017

Guido Fuchs, Unsere Weihnachtslieder und ihre Geschichte, 2018

Anselm Grün, Das kleine Buch der Weihnachtsfreude, 2012

Anselm Grün, Der Stressengel und andere himmlische Boten, 2015

Anselm Grün, Jeder Mensch hat einen Engel, 2019

Anselm Grün, Was gutes Leben ist. Orientierung in herausfordernden Zeiten, 2020

Anselm Grün u. Rudolf Walter, Einfach leben. Der Adventsbegleiter. Hg. v. Anselm Gün und Rudolf Walter, 2016

Franz Kamphaus, Mach's wie Gott, werde Mensch. Ein Lesebuch zum Glauben , 2019

Anthony de Mello, Jeder Tag ist neu. 365 Inspirationen, 2018

Philipp Meyer, Gott ist uns nahe. 24 Adventsmeditationen, 2020

Franz Meurer, Glaube, Waffeln, Brot und Gottes Glanz. Wie die Kirche es gebacken kriegt, 2021

Susanne Niemeyer, Jesus klingelt. Neue Weihnachtsgeschichten, 2019

Siegfried Rauch, Meine schönsten Weihnachtsgeschichte. 2011

Christine Schniedermann, Ich würde Jesus meinen Hamster zeigen. Aus dem Glaubensalltag mit unseren Kindern, 2021

Andrea Schwarz, Eigentlich ist Weihnachten ganz anders. Hoffnungstexte, 2021

Andrea Schwarz, Gib dem Engel eine Chance. Gedanken und Geschichten zu Weihnachten, 2019

Christa Spannbauer, 24 Tage Achtsamkeit. Impulse für eine etwas andere Adventszeit, 2019

Notker Wolf u. Corinna Mühlstedt, Mitten im Leben wird Gott geboren. 24 Impulse zur Weihnachtszeit, 2017

Teresa Zukic, Von der Zärtlichkeit Gottes. Begegnungen, die uns Kraft schenken, 2020

Textnachweise

S. 16: Grün, Einfach leben – Der Adventsbegleiter, 24

S. 17: Schwarz, Eigentlich ist Weihnachten ganz anders, 39f.

S. 20: Schniedermann, Ich würde Jesus meinen Hamster zeigen, 39f.

S. 24: Meyer, Gott ist uns nahe, 8f.

S. 26: Spannbauer, 24 Tage Achtsamkeit, 91–93

S. 31: Bosmans, Lichtblicke, 195

S. 36: de Mello, Jeder Tag ist neu, 20

S. 36: Meyer, Gott ist uns nahe, 77–79

S. 40: Schwarz, Gib dem Engel eine Chance, 80–84

S. 47: Benjamin, Berliner Kindheit um Neunzehnhundert, 282f.

S. 50: Niemeyer, Das Weihnachtsschaf, 109–111

S. 54: Grün, Der Stressengel und andere himmlische Boten, 24f.

S. 55: Zukic, Von der Zärtlichkeit Gottes, 69

S. 59: Aus: Fuchs, Unsere Weihnachtslieder und ihre Geschichte, 72

S. 60: Schwarz, Eigentlich ist Weihnachten ganz anders, 53

S. 61: Meyer, Gott ist uns nahe, 89–92

S. 65: Niemeyer, Jesus klingelt, 42–46

S. 71: Kamphaus, Mach's wie Gott, werde Mensch, 98–100

S. 80: de Mello, Jeder Tag ist neu, 214

S. 81: Grün, Das kleine Buch der Weihnachtsfreude, 107–109

S. 83: Aus: Rauch: Meine schönsten Weihnachtsgeschichten, 52

S. 84: Schwarz, Eigentlich ist Weihnachten ganz anders, 114

S. 86: Borchert, An diesem Dienstag

S. 91: Schniedermann, Ich würde Jesus meinen Hamster
    zeigen, 90–92

S. 97: Aus: Fuchs, Unsere Weihnachtslieder und ihre
    Geschichte, 58

S. 98: Bosmans, Lichtblicke, 192

S. 99: Kamphaus, Mach's wie Gott, werde Mensch, 105f.

S. 101: Meurer, Waffeln, Brot und Gottes Glanz, 160f.

S. 104: Spannbauer, 24 Tage Achtsamkeit, 23–25

S. 108: Wolf/Mühlstedt, Mitten im Leben wird Gott geboren,
    61f.

S. 110: Schniedermann, Ich würde Jesus meinen Hamster
    zeigen, 84–86

S. 115: de Mello, Jeder Tag ist neu, 214

Verzeichnis der Autorinnen und Autoren

Walter Benjamin, 1892–1940, deutscher Philosoph und Schriftsteller.

Wolfgang Borchert, 1921–1947, deutscher Schriftsteller.

Phil Bosmans, 1922–2012, flämischer Ordensmann, erreichte durch seine Bücher weltweit Millionen von Leserinnen und Lesern für seine „Botschaft des Herzens". Er gründete den „Bund ohne Namen", der sich in vielen Ländern menschlich und sozial engagiert. Seine Werke erscheinen auf Deutsch im Verlag Herder. Zuletzt: „Vergiss die Freude nicht" und „Ich hab dich gern" (2019). Im Internet: www.phil-bosmans.de

Anselm Grün, geb. 1945, Dr. theol., Benediktiner und Verwalter der Abtei Münsterschwarzach; geistlicher Berater, Begleiter und weltweit populärster christlicher Autor unserer Tage. Seine Bücher zur Spiritualität und Lebenskunst haben Millionenauflagen erreicht. Zuletzt bei Herder u.a.: „Was tröstlich ist – ein Inspirationsbuch" und „Gelassenheit – das Glück des Älterwerdens" (2021). Im Internet: www.einfach-leben-brief.de

Francis Jammes, 1868–1938, französischer Schriftsteller und Lyriker.

Franz Kamphaus, geb. 1932, studierte Philosophie und Theologie in Münster und München und wurde 1959 zum Priester geweiht. Von 1982 bis 2007 war er Bischof von Limburg, seitdem wirkt er als Seelsorger des St.-Vincenz-Stifts in Rüdesheim, einer Einrichtung für geistig behinderte Menschen. Zuletzt bei Herder: „Mach's wie Gott, werde Mensch. Ein Lesebuch zum Glauben" (2019).

Anthony de Mello, 1931–1987, geb. in Mumbai (Bombay), studierte nach seinem Eintritt in den Jesuitenorden Philosophie, Theologie und Psychologie in Barcelona, Poona, Chicago und Rom. Bis zu seinem Tod leitete er ein Beratungs- und Ausbildungszentrum in Lonavla in Indien. Er gilt als einer der meistgeschätzten Weisheitslehrer unserer Zeit. Zuletzt bei Herder: „Warum der Vogel singt. Geschichten, die glücklich machen" und „Wer bringt das Pferd zum Fliegen? Geschichten, die glücklich machen" (2019).

Franz Meurer, geb. 1951, ist einer der bekanntesten Pfarrer in und um Köln. Mit dem „HöVi-Land", einer sozialen Einrichtung, erlangte er auch nationale Bekanntheit und erhielt zahlreiche Ehrungen. Meurer ist bekannt für sein Engagement, seine hohe Beliebtheit bei den Menschen und mutiges, authentisches Auftreten. Bei Herder: „Glaube, Gott und Currywurst. Unser Platz ist bei den Menschen" (2020) und „Waffeln, Brot und Gottes Glanz. Wie Kirche es gebacken kriegt" (2021).

Pater Philipp Meyer OSB, geb. 1981 in Braunschweig, ist der Kantor der Abtei Maria Laach und Chordirektor der von ihm gegründeten Cappella Lacensis. Er studierte Kirchenmusik in Heidelberg und Köln und trat 2006 in die Benediktinerabtei Maria Laach ein. Nach dem Studium der Theologie in Salzburg und Rom wurde er 2015 zum Priester geweiht. Durch seine Video-Kolumne auf katholisch.de wurde er einem großen Publikum bekannt. Bei Herder: „Gott ist uns nahe. 24 Adventsmeditationen" und „Gott macht unruhig. Die Dynamik meines Glaubens" (2020).

Susanne Niemeyer, geb. 1972, ist meistens Hellseherin. Von ihrem Hamburger Schreibtisch im dritten Stock hält sie Ausschau nach dem Himmel. Als freie Autorin hat sie mehrere Bücher veröffentlicht und bloggt auf www.freudenwort.de. Während ihrer kreativen Schreibreisen nach Schweden, Mallorca oder in die Alpen sammelt sie neue Ideen und inspiriert andere dazu, eigene Geschichten zu schreiben. Zuletzt bei Herder: „Soviel du brauchst. Sieben Sachen zum besseren Leben" und „Siehst du mich? Auf der Suche nach Gott" (2021).

Andrea Schwarz, geb. 1955, ausgebildete Industriekauffrau und Sozialpädagogin, viele Jahre in der Gemeindearbeit in Viernheim bei Mannheim sowie ehrenamtlich bei Projekten der Mariannhiller Schwestern in Südafrika. Heute als gefragte Referentin, Trainerin und Bibliolog-Ausbilderin tätig. Zahlreiche, sehr erfolgreiche Veröffentlichungen im Verlag Herder. Zuletzt: „Eigentlich ist Weihnachten ganz anders" (2021).

Christine Schniedermann, geb. 1977 in Bielefeld, wuchs im Münsterland auf, absolvierte die katholische Journalistenschule ifp, arbeitete für verschiedene Zeitungen sowie als Büroleiterin im Bundestag und als Pressesprecherin der Humboldt-Universität zu Berlin. Als freie Journalistin und Autorin lebt sie mit ihrer Familie in München. Bei Herder: „Ich würde Jesus meinen Hamster zeigen. Aus dem Glaubensalltag mit unseren Kindern" (2021).

Christa Spannbauer lebt als Autorin, Referentin und Filmemacherin in Berlin. In ihren Publikationen und Vorträgen beschäftigt sie sich mit den Fragen der Lebenskunst und zeigt die Alltagstauglichkeit der Weisheitswege aus Ost und West für den modernen Menschen auf. Ihre jahrelange Zen- und Achtsamkeitspraxis unterstützen sie darin. Zuletzt gemeinsam mit Annika Behrendt bei Herder: „Den Herzschlag der Natur spüren. Achtsam und verbunden leben" (2020). www.christa-spannbauer.de

Notker Wolf, Dr. phil., geb. 1940, seit 1961 Mönch der Benediktinerabtei St. Ottilien, 1977 zum Erzabt gewählt, von 2000 bis 2016 war er als Abtprimas des Benediktinerordens mit Sitz in Rom der höchste Repräsentant von mehr als 800 Klöstern und Abteien weltweit. Zuletzt mit Corinna Mühlstedt bei Herder: „Öffne deine Augen. Jeder kann Mystiker werden" (2021).

Schwester Teresa Zukic ist Mitbegründerin der „Kleinen Kommunität der Geschwister Jesu" und eine der bekanntesten Ordensschwestern Deutschlands. Heute ist sie gefragte Rednerin mit über zweihundert Auftritten im Jahr. Zuletzt bei Herder: „Gott ist verrückt nach dir! Meine schönsten Gebete und Segenswünsche" (2021).

Umschlaggestaltung: Verlag Herder

Umschlagmotiv: © il67/shutterstock

Vignetten im Innenteil: © il67/shutterstock

Satz: Arnold & Domnick, Leipzig

Herstellung: GGP Media GmbH, Pößneck

Printed in Germany

ISBN 978-3-451-03313-1

Für alle Lebenslagen

144 Seiten | Gebunden
ISBN 978-3-451-03325-4

Manchmal braucht man einfach einen Engel! Und zwar nicht nur
in höchster Not, sondern auch angesichts der kleinen Alltagstü-
cken. Die himmlischen Boten geben Impulse und senden leise
Botschaften, die die Wirklichkeit verwandeln kann. Wir haben
viele Schutzengel um uns herum. Wir müssen nur achtsam sein,
dann können wir sie auch sehen.

In jeder Buchhandlung!

HERDER

Die Stille stellt keine Fragen, aber sie kann uns auf alles eine Antwort geben.